TREKKING IN AFRIKA

Die schönsten Touren

KARL MÜLLER VERLAG

TREKKING IN AFRIKA

Die schönsten Touren

Inhalt

Einleitung	Seite	6
1 Über die Pfade von Teneriffa	Seite	20
2 Der Jabal Toubqāl und seine Nachbarn	Seite	28
3 Der Jabal Sirwah	Seite	36
4 Die Gipfel des Hajjār und Tafdasat	Seite	44
5 Die Tassili-Hochebene	Seite	56
6 Die Felsen der Dogon	Seite	66
7 Die Gipfel und Hochebenen des Simēn	Seite	76
8 Ruwenzori: Die Mondberge	Seite	86
9 Virunga – Die Vulkane der Gorillas	Seite	100
10 Die Aberdares	Seite	108
11 Der Mount Kenya	Seite	118
12 Der Kilimanjaro – Das Dach Afrikas	Seite	130
13 Der Fish River Canyon	Seite	142
14 Durch die Cedarberge	Seite	148
15 Der Otter Trail	Seite	154
16 Die Drakensberge	Seite	160

Autor
Stefano Ardito

Illustrationen
Cristina Franco

Herausgeber
Valeria Manferto De Fabianis
Laura Accomazzo

Gestaltung
Clara Zanotti

Übertragung aus dem Englischen:
Redaktionsbüro Krumbach
Lektorat: Sabine Raab

ISBN 3-86070-610-1

5 4 3 2 1 96 97 98 99 00

*1 Die an der algerisch-libyschen Grenze liegenden Acacus-Berge bilden den Hintergrund der Dünenlandschaft in der Sahara.
Foto: Anne Conway*

*2-3 Das Bergdorf Aït Souka liegt eingebettet in die Vegetation des Atlas-Gebirges in Marokko.
Foto: Christophe Boisvieux*

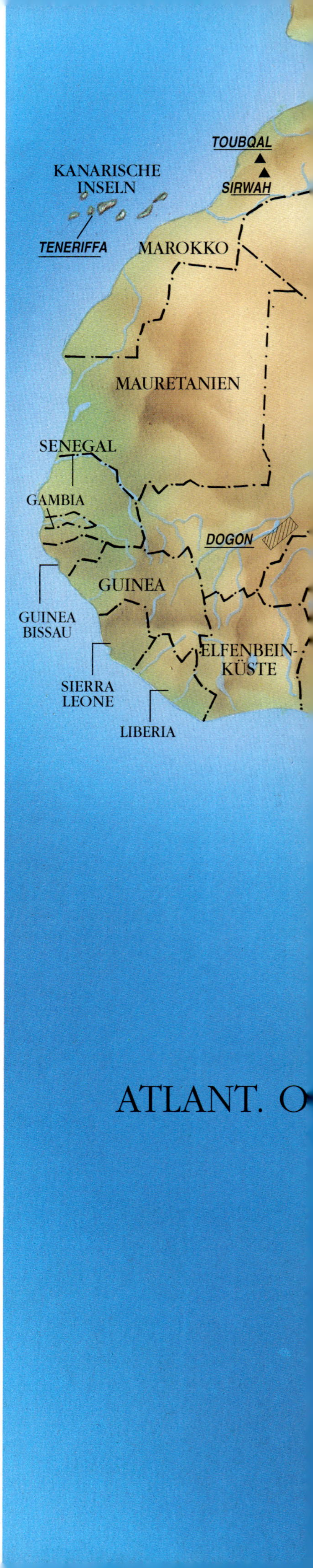

- Trekking-Gebiet
- Stadt
- Dorf
- Berg
- Zeltplatz
- Camp
- Höhle
- Hotel
- Parkplatz
- Pass
- Plateau...
- Schutzhütte
- Felsformation
- Ausgrabungsstätte
- Quelle
- Forststation
- Keine Besiedelung

TUNESIEN
ALGERIEN
TAFDASAT
TASSILI
HAJJAR
LYBIEN
ÄGYPTEN
MALI
NIGER
TSCHAD
SUDAN
OBER
VOLTA
NIGERIA
SIMEN
ÄTHIOPIEN
ZENTRALAFRIKAN.
REPUBLIK
BENIN
TOGO
GHANA
KAMERUN
SOMALIA
RUWENZORI
UGANDA
KENIA
GABUN
VIRUNGA
MT.
ABERDARES
ZAIRE
RUANDA
KONGO
KILIMANJARO
BURUNDI
IND. OZEAN
TANSANIA
EAN
ANGOLA
MALAWI
KOMO-
REN
SAMBIA
MOSAMBIQUE
MADAGASKAR
SIMBABWE
NAMIBIA
BOTSWANA
FISH RIVER
CANYON
REP.
SÜDAFRIKA
CEDARBERGS

EINLEITUNG

6-7 *Die Wege zwischen dem Bandiagara-Plateau und dem Fuß der Dogon Falaise (Mali) führen um bizarre Felsformationen. Foto: Mario Verin*

Gletscher am Äquator, undurchdringliche Regenwälder, kuriose Felsnadeln und bizarr aussehende Pflanzen, plötzlich auftauchende Leoparden und die gespenstische Stille der größten Wüsten der Erde... Asien mag dem Besucher seine großen Kulturen und gewaltigen Gebirge bieten, Australien seine geologischen Wunder und Südamerika seine alten Traditionen und die größten Wälder der Erde – doch kein Erdteil wirkt so auf das Gefühl wie Afrika und seine Natur. Es ist nicht nur das Ziel der Überlandsafaris, der Wüstenexpeditionen und Ornithologen, sondern auch ein Paradies für Bergsteiger, Trekker und Wanderer.

Im Norden überragen die scharfen Bergspitzen des Atlas-Gebirges die alten Königsstädte von Marokko, die Dörfer und Kasbahs der Berber. Südöstlich davon unterbrechen die fast unwirklichen Bergmassive des Al Hajjār, des Tibesti und des Aïr-Gebirges die unendlichen Stein- und Sandfelder. Die Abgründe und Canyons des Tassili-Gebirges verbergen die ältesten und meisten Felsenzeichnungen des gesamten Kontinents. Am Rande der Wüste, wo die Vegetation wieder auftaucht, unterbrechen die Felsformationen von Bandiagara, in deren Schutz auch die Dörfer der hochentwickelten Dogon-Kultur liegen, die monotone Linie des Buschlandes. Hinter der Wüste wird alles anders. Phönizier wie Portugiesen wählten die kegelförmige Spitze des Kamerun-Berges als Orientierungspunkt. Zweitausend Kilometer weiter östlich ragen die unwirtlichen Massive Adwa, Bale und Simēn, bereits in Sichtweite des Indischen Ozeans und des Roten Meeres, aus der äthiopischen Hochebene. Im Süden, wo die Quellen des Nil fast ständig im tropischen Dunst liegen, erheben sich die Gipfel und Gletscher des Ruwenzori und die Virunga-Vulkane, die – noch – eines der letzten Refugien für die Berggorillas bilden. Nordöstlich des Viktoria-Sees schließlich, überragt der Elgon-Vulkan die Landschaft. Für afrikanische Maßstäbe sind die berühmtesten Berge gerade einen Katzensprung voneinander entfernt: die kantigen Felsformationen im nördlichen Kenia – der Nyiru, der Matthews-Gipfel und der Poi –, der Aberdare-Nationalpark mit seinen

artenreichen Wäldern und die zackigen Gipfel des Mount Kenya, der imposanteste afrikanische Berg und Symbol für Kenias nationale Einheit. Jenseits der tansanischen Grenze erhebt sich der mit 5895 Metern höchste Berg Afrikas, der Kilimanjaro. Tausende von Besuchern ziehen jedes Jahr zu seinen gefährlichen Geröllfeldern und Eisterrassen, inspiriert von den Werken von Ernest Hemingway und Karen Blixen. Direkt neben dem Kilimanjaro erhebt sich der großartige Kegel des Meru, ehe das Land wieder flacher und weniger unwirtlich wird. Die bewaldeten Höhen von Malawi gehen in die stattlichen und vielfältigen Berge des südlichen Afrika über. Die furchteinflößenden Flanken der Drakensberge, das harmonische Kapgebirge, das von alten Farmen und Weinbergen umgeben ist, und die seltsamen Formationen der Cedarberge enden schließlich bei der Kapschwelle, wo der Indische in den Atlantischen Ozean übergeht. An dieser Küste bieten die Klippen von Tsitsikama dem Wanderer anspruchsvolle Touren.

So abenteuerlich Wandern in Afrika ist, so neu ist es. Die erste nennenswerte Expedition organisierte der Schotte Mungo Park zum Niger, den er am 20. Juli 1796 erreichte. Ein Jahr und zwei Monate zuvor war der 25jährige Arzt in Portsmouth losgesegelt und hatte nach etwa 30 Tagen die Küste von Gambia erreicht. Am 6. Oktober verließ er mit dem Beginn der Trockenzeit Jonkakonda, den letzten Handelsposten der Weißen, um durch das Land der Fula, der Mandingo und der Bambara vorzustoßen. „Ich hörte sie Geo affili, ‚hier ist Wasser‘, rufen. Mit übergroßer Freude stellte ich fest, daß wir das Ziel unserer Reise erreicht hatten. Der majestätische Niger glitzerte in der Morgensonne wie die Themse bei Westminster. Ich eilte zum Ufer, trank das Wasser und sprach inbrünstige Dankgebete“, beschrieb Mungo Park den wichtigsten Augenblick in seinem Leben.

Anfang des 19. Jahrhunderts begannen die Europäer, auf verschiedenen Wegen ins Innere Afrikas vorzudringen. Im Norden, am Rand der Sahara, gelangten Abenteurer trotz der feindlich gesonnenen Tuareg nach Marrâkech, Djénné, Timbuktu und in andere Wüstenstädte, die Ziel der Karawanen waren. Viele tausend Kilometer weiter südlich machten sich die Buren vom Kap zur Karru-Ebene und zum Fluß Oranje auf. 1842 bestiegen zwei Franzosen den 4620 Meter hohen Ras Dashen Terara, den höchsten Gipfel in Äthiopien.

Die berühmtesten Expeditionen brachen von Sansibar zu den fruchtbaren Hochebenen von Uganda und Kenia und zu den geheimnisvollen Nilquellen auf – Speke und Burton im Jahr 1857, Grant und Speke 1862 und Stanley 1888. Am 11. Mai 1848 erreichte der Schweizer Missionar Johannes Rebmann den Kilimanjaro, den Olymp für die arabischen Geographen. Kurz darauf wurde der Mount Kenya mitten in einer Savanne „entdeckt“, wo zu jener Zeit die Kikuyu und die kriegerischen Massai gegeneinander kämpften. 1888 sah Stanley den meist

8 Die Gletscher des Mount Kibo überragen die Wege, die die Maragu-Bauern zu ihren Feldern am Fuß des Kilimanjaro benutzen.
Foto: Mauro Burzio

8-9 In etwa 2000 Meter Höhe führen die Wanderwege Ostafrikas durch Felder, die der Mensch unter vielen Mühen den Wäldern abgerungen hat. Hier der Weg zwischen der Ibanda- und der Nyabitaba-Hütte auf der ersten Etappe auf den Ruwenzori von Uganda aus.
Foto: Cl. Jaccoux /Agentur Freestyle

9 oben *Hier am Kilimanjaro wie an anderen Bergen beherrschen bizarre Pflanzenformen das Bild in 4000 Meter Höhe.*
Foto: Marco Majrani

dunstumhangenen Ruwenzori, Ptolemäus' mystische „Mondberge". Man versuchte sehr bald, diese Berge zu besteigen. Der Deutsche von Decken unternahm 1861 einen ersten unsicheren Versuch, den Kilimanjaro zu bezwingen. Der ungarische Graf Teleki kam 1886 in die Nähe der Gipfel des Kilimanjaro und des Mount Kenya. Doch ihre Bezwingung sollte erfahrenen Bergsteigern vorbehalten bleiben. 1889 bestieg der berühmte österreichische Bergsteiger Ludwig Purtscheller in Begleitung des Topographen Hans Meyer den höchsten Gipfel Afrikas, den 5895 Meter hohen Kibo, der auch prompt in Kaiser-Wilhelm-Spitze umgetauft wurde.
Zehn Jahre später führten zwei italienische Führer den Schotten Halford Mackinder auf den 5199 Meter hohen Mount Batian, den höchsten Gipfel in Kenia, der auch heute noch eine Herausforderung darstellt.
Mehrere Besteiger des Montblanc – Laurent und Joseph Petigax, Emile Brocherel und Laurent Ollier – führten 1907 den Herzog von Abruzzen und seine Begleiter auf den höchsten Gipfel des Ruwenzori, der nach Margherita, der Königin von Italien, benannt wurde. Der Schleier des Geheimnisses war nun gelüftet, aber der Respekt vor diesen großen Bergen blieb bestehen.
In diesen Jahren, wo der Wettlauf der Kolonialmächte um die Aufteilung Afrikas und seiner Reichtümer begonnen hatte, waren die hohen Berge Ziel weiterer abenteuerlicher Expeditionen. Die Briten Shipton, Tillman und Wyn Harris gingen die schwierigsten Wände des Mount Kenya an, und die Franzosen Coche und Frison-Roche machten sich an die Bezwingung der Granitnadeln des Al Hajjār-Gebirges.
Deutsche Expeditionen führten zu den Gletschern des Mount Kibo, zu den Felsgipfeln des Mawenzi und zur geheimnisvollen Spitzkoppe, dem „Matterhorn von Südwest" mit seinen Granitmauern inmitten der Namib-Wüste.
1943 entkamen drei italienische Kriegsgefangene, Benuzzi, Barsotti und Balletto, und schrieben einen außergewöhnlichen Bericht über ihre Flucht von Nanyuki zu den Gipfeln des Mount Kenya. Zwischen den beiden Weltkriegen wurde der Kilimanjaro von einem ausgezeichneten Beobachter beschrieben – von Ernest Hemingway.
All diese Namen sind denen gut bekannt, die heute die Berge Afrikas besteigen. Wenn die Bücher von Hunt, Hillary, Diemberger und Messner zu den Klassikern über den Himalaya und das Karakorum-Gebirge zählen, so sind *The Snows of Kilimanjaro* (Schnee am Kilimanjaro) von Hemingway, *Fuga sul Kenya* von Benuzzi, *That Untravelled World* von Shipton und *Carnets Sahariens* von Frison-Roche die Pflichtlektüre für Bergwanderer in Afrika.
Doch sind nicht die Abenteuer der Weißen der Hauptgrund für das Interesse an diesen Bergen. In den berühmten Bergen Asiens stehen die Moscheen von Shigar und Chitral, die Hindu-Tempel von Kathmandu, die buddhistischen Klöster von Tibet, Bhutan und Ladakh. In den Gebirgen Afrikas finden sich die Kasbahs des Atlas, die Felsmalereien des Tassili-Massivs und die koptischen Kirchen der äthiopischen Berge.

Doch die Natur ist das Aufregendste. Die atemberaubenden Regenwälder des Ruwenzori und des Virunga mit ihrer überreichen Flora und Fauna, die roten Felsen des Nelion und die Eistreppen des Mount Kibo sind für jeden Wanderer in diesen Bergen ein unvergeßliches Erlebnis. Kein Trekker wird die Eindrücke von plötzlich auftauchenden Büffeln und Leoparden, Steinböcken und Antilopen, Pavianen und Geiern vergessen.
Es ist zu hoffen, daß auch unsere

10 *Die unwirtliche Landschaft der Sahara findet sich viele tausend Kilometer südlich in Namibia wieder, wie in dieser Aussicht auf den Fish River Canyon, den zweitgrößten Canyon der Erde nach dem Grand Canyon.*
Foto: Mauro Burzio

10-11 *An beiden Enden dieses Erdteils wird die Landschaft öde und trocken. Hier wandert eine Gruppe mit Dromedaren am Hajjār-Massiv (Algerien) entlang.*
Foto: Didier Givois

Kinder und Enkel diese Schätze der Natur noch erleben können.

Voraussetzungen für das Trekking

Durch Afrikas Berge, Küsten und Wüsten zu wandern, ist mehr als nur ein Sport. Trekking im Himalaya oder Karakorum ist ein großes Abenteuer und vermittelt Einblicke in alte Kulturen, doch Trekking in Afrika ist vor allem ein Naturerlebnis. Landschaft, Flora und Fauna sind von ganz besonderem Interesse. Vom Atlas- bis zum Simēn- und vom Tassili- bis zum Kapgebirge bietet Trekking darüber hinaus die Möglichkeit, die Völker Afrikas, ihre Sitten und Gebräuche kennenzulernen. Man sollte stets bedenken, daß Trekking eine gute physische Kondition erfordert.
Neulinge sollten auch wissen, daß eine gewisse psychische Belastung hinzukommt. Doch herrliche Sonnenauf- und untergänge, die Eindrücke von Lagerfeuern in den Camps und die weiten Aussichten von den Hügeln und Bergen lassen die weniger erfreulichen Aspekte, wie schwer drückende Rucksäcke, stechende Hitze und gefährliche, kaum enden wollende Abstiege bei Platzregen bald vergessen. In den Alpen ist eine verlorene Wegmarkierung oder eine überfüllte Hütte ärgerlich, doch in Afrika muß man sich auf schwerwiegendere Widrigkeiten und Gefahren einstellen. Steige können durch Schlamm oder Schnee fast unpassierbar werden, das Wetter in den afrikanischen Bergen kann unerwartet schnell umschlagen. Ständig ist mit Verzögerungen und unerwarteten Hindernissen zu rechnen. Es ist unabdingbar, daß jeder Trekker sich dieser Umstände genau bewußt ist und sich in solchen Situationen angemessen zu verhalten weiß.

Vorbereitung

Wer regelmäßig wandert, Berge besteigt oder andere Ausdauer-Sportarten wie Jogging oder Skilanglauf betreibt, wird den physischen Anforderungen des Trekking voll gewachsen sein. Ältere Menschen oder solche, die mehr eine sitzende Lebensweise haben, sollten sich ärztlich untersuchen lassen und ein entsprechendes Training absolvieren. Das umfaßt auch Wandern und Bergsteigen in der Heimatregion. Wer die höchsten Gipfel wie z. B. Kilimanjaro oder Ruwenzori erklimmen will, muß sich vorher an diese Höhen gewöhnen und möglichst auch einige Nächte in Alpen-Hütten oberhalb 3000 Meter verbringen. Auch wer viel läuft oder Fahrrad fährt, sollte sich an großen Steigungen und Gefällen trainieren; hier arbeiten die Muskeln auf eine andere Weise als in der Ebene.
In den Alpen führen viele Bergwanderungen über Schneefelder, Felsen oder gesicherte Steige. Die Aufstiegsrouten auf die Gipfel von Ruwenzori und Mount Kenya sind jedoch schwierige Bergsteigerrouten über Fels und Eis und nur etwas für Erfahrene in Begleitung eines Führers.
Bergerfahrung muß langsam erworben werden. Am besten geschieht das durch Bergsteigerkurse, die vom Alpenverein oder lokalen Bergführern durchgeführt werden, oder indem man sich einer gut organisierten Trekking-Gruppe anschließt.

12 oben *Eine Gruppe Wanderer nähert sich dem schneebedeckten Gipfel des Kilimanjaro.*
Foto: Didier Givois

12 unten *Eine Gruppe Trekker steigt durch die relativ anspruchslosen Felsformationen des Djebel Sargho (Jabal Saghru) in Marokko.*
Foto: Marco Majrani

Auswahl der Trekking-Routen

Höhe, Mentalität der Menschen, geographische Lage, Schwierigkeitsgrad und physische Anforderungen sind überall die Hauptkriterien bei der Auswahl einer Trekking-Route.
In Afrika können die Kontraste allerdings extrem werden. Die Gebirgsketten der Sahara sind völlig verschieden von den feuchten Hochwäldern des Ruwenzori, der Aberdares oder des Mount Kenya. Das ernste Willkommen der Tuareg oder der Berber hat nichts gemeinsam mit dem Lächeln der Bergbewohner in Äthiopien und Ostafrika.
Die Länge und physischen Anforderungen eines Treks können erheblich schwanken. Um hier eine Auswahl zu erleichtern, wurden in diesem Buch alle Treks ausführlich beschrieben.

Aufbruch

Bis zur Sahara oder nach Schwarzafrika sind es nur ein paar Stunden Flugzeit, doch es sind mit die interessantesten Regionen, was ihre Bewohner und die Natur betrifft. Unterschiede in Klima, Gerüchen, Gefühlen lassen jeden Trek zu einem Abenteuer werden, selbst für den erfahrenen Traveller. Dieses Buch soll keine Angaben zu Preisen und Flügen nach Afrika machen. Wer zum ersten Mal nach Afrika fliegt, sollte jedoch zwei wesentliche Faktoren bei der Reiseplanung berücksichtigen.
Am wichtigsten ist die Jahreszeit. Für Nordafrika und die Sahara sind der europäische Winter und eventuell die Übergangszeiten geeignet. Eine Ausnahme bilden die höchsten Gipfel des Atlas, für die Juli und August günstiger sind. Eine Besteigung z. B. des Jabal Toubqāl ist allerdings im Frühling bzw. Frühsommer günstiger. In den äthiopischen Bergen gibt es eine Trockenzeit von Mitte Oktober bis Ende Mai. Doch bereits ab Anfang März können vereinzelte heftige Regenfälle vom Indischen Ozean das Trekking schwierig machen.
In Ostafrika (Kenia, Uganda, Ost-Zaire, Tansania) machen eine ausgeprägte Regenzeit von Mitte März bis Anfang Juni und eine kleinere Regenzeit von Oktober bis Dezember Trekking unmöglich. Die Hauptsaison für Safaris in den Nationalparks fällt mit der Trekkingsaison für Kilimanjaro, Mount Kenya und die umliegenden Berge zusammen. Das gilt auch für Ruwenzori und Virunga, die die Savanne und das ostafrikanische Hügelland vom Kongo-Becken trennen. In diesen Bergen sind Regen, Schlamm und in großen Höhen Schnee das ganze Jahr über Begleiter der Bergsteiger und Trekker.
Ganz im Süden Afrikas sind die Jahreszeiten genau umgekehrt wie bei uns, doch auch hier können die günstigsten Zeiten für jede Route anders sein. In geringen Höhen, z. B. am Fish River Canyon, ist der dortige Winter, also der europäische Sommer, am günstigsten. Der Otter Trail und die anderen Routen an der Küste der Transkei und der Kapprovinz können aufgrund des Meeresklimas das ganze Jahr über begangen werden.
In den Bergen hat man eine gewisse Wahl. Für das Trekking über die Drakensberg-Routen ist der lokale Sommer – also unser Winter – am besten, doch ist für viele ausländische Trekker die feuchte Hitze auf

13 oben *Der häufige Nebel in den Bergen des tropischen Afrika läßt die Pflanzen in eigenartigem Licht erscheinen. Hier führt der Weg durch das Mackinder-Tal in etwa 4000 Meter Höhe zum Mount Kenya. Foto: Stefano Ardito*

13 Mitte *Sonne und blauer Himmel begleiten eine Trekker-Gruppe auf ihrem Weg zum Wolfbergs-Bogen in den faszinierenden Cedarbergen in Südafrika. Foto: Hein von Horsten/ABPL*

13 unten *In 3000 bis 4000 Meter Höhe verlaufen die Pfade am Mount Kenya durch herrliche Bergsteppen. Dieses Foto zeigt einen Trekker und seinen Kikuyu-Führer auf dem Weg zur Liki-Hütte auf dem Sirimon-Weg. Foto: Stefano Ardito*

diesen Bergen im Januar und Februar unerträglich, und sie ziehen den lokalen Winter oder die Übergangszeiten vor. Das hat gute Gründe. Die häufigen Sommergewitter in den „Drachenbergen" machen aus Bächen reißende Flüsse, doch sie bringen auch eine herrliche Blumenpracht.
Im Vergleich zu Asien bereitet Trekking in Afrika weitaus weniger bürokratische Probleme. Oft benötigt man zwar ein Visum, doch eine Trekking-Erlaubnis erhält man schnell an den Einfahrten zu den verschiedenen Nationalparks. Für einige Berge, besonders für den Kilimanjaro, ist das allerdings ein teures Vergnügen. Man muß jedoch Verständnis haben, wenn ein armes Land wie Tansania von reichen Europäern und Amerikanern erwartet, daß sie einen finanziellen Beitrag leisten, mit dem letztlich Schutzmaßnahmen für die Nationalparks und die Gehälter der Rangers mitfinanziert werden.
Für Südafrika und Namibia müssen Trekking-Touren sehr früh gebucht werden. Die Zahl der Besucher ist behördlich begrenzt – für den Otter Trail und den Fish River Canyon sollte man mehr als ein Jahr vorher buchen. Es ist also nur ratsam, sich so früh wie möglich an einen Trekking-Veranstalter zu wenden.

Allein oder in einer Gruppe

Die großen afrikanischen Berge sind weit entfernt, ihre Natur und Landschaft sind sehr verschieden von den Alpen, und die organisatorischen und psychischen Probleme sind weitaus größer. Nur sehr erfahrene Trekker sollten daher allein gehen.
Ein organisierte Gruppe bietet eine Reihe von Vorteilen. Man muß sich nicht um Visa, Flugreservierungen und die Organisation kümmern. Die Begleitung eines Experten, besonders im Hochgebirge, bietet weniger erfahrenen Trekkern Sicherheit in schwierigem Gelände.
Gepäck wird von Trägern oder Lasttieren getragen. Der Trekker muß nur noch sein Daypack mit Anorak, Ersatzkleidung, Fotoapparat und etwas Proviant tragen. Das kostet natürlich mehr, und es wird auch kaum Kontakte zur lokalen Bevölkerung geben.
Für einige Trekker ist es auch eine interessante und preiswertere Alternative, auf eigene Faust anzureisen und sich erst an Ort und Stelle um Führer, Träger etc. zu kümmern. Dies ist jedoch nur dort ratsam, wo bereits eine touristische Infrastruktur vorhanden ist, wie z. B. in Marokko oder Kenia und wenn der Trekker bereits über einige Erfahrung verfügt.
Das andere Extrem ist, völlig auf sich gestellt zu trekken und die gesamte Ausrüstung selbst zu tragen. Dies erfordert allerdings große Erfahrung, überdurchschnittlich gute Kondition und Improvisationsvermögen in unvorhersehbaren Situationen. Auch ist dies nur in bestimmten Gebieten möglich, z. B. am Mount Kenya, in Äthiopien, im Atlas-Gebirge und auf den Routen in Namibia und Südafrika.
In anderen Gebieten – Ruwenzori, Tassili, Virunga, Aberdares – ist ein Führer, meist ein bewaffneter Ranger, vorgeschrieben. Am Kilimanjaro muß man Träger und Führer haben. Klima, große Entfernungen und fehlende Proviantierungsmöglichkeiten wären zu große Risiken für einzelne Trekker. Man sollte auch bedenken, daß es in Afrika kein Netz von Schutzhütten wie in den Alpen gibt – und erst recht keine Herbergen und Teestuben, wie entlang der Hauptrouten in Nepal.

14 oben *Ein Wanderer im oberen Mackinder-Tal nahe bei den imposanten Gipfeln des Terere und Sendeyo. Foto: Stefano Ardito*

14 unten *Eine Gruppe Träger unterwegs zur Horombo-Hütte und zum Kibo-Gipfel. Foto: Marco Majrani*

Träger

Das Anheuern von Trägern ist in den afrikanischen Bergregionen weitaus einfacher als z. B. im Himalaya oder Karakorum. Doch sollte man sich an gewisse Regeln halten. Die Last, die wasserdicht verpackt sein sollte, darf nicht mehr als 15-20 Kilogramm wiegen – es sei denn, man vereinbart ausdrücklich etwas anderes. Ein Träger muß ja auch noch sein eigenes Gepäck und Proviant mittragen. Auch das Gepäck des Führers wird den Trägern anvertraut.
Wenn der Lohn nicht staatlich festgesetzt ist, müssen beim Aushandeln auch der Transfer, öffentliche Verkehrsmittel und Verpflegung einbezogen werden. Am Ende der Tour ist ein Trinkgeld und/oder Geschenk von Bekleidung und Ausrüstung sehr willkommen.

15 oben Die Wege im Ruwenzori-Gebirge sind berühmt-berüchtigt für ihre dichte Vegetation, das rutschige Gelände und den Schlamm. Hier begleitet ein Ranger aus Zaire eine Trekker-Gruppe zum Lac Gris (4300 m).
Foto: Marco Majrani

15 Mitte Auf vielen Touren in Afrika machen fehlende Hütten oder ihr schlechter Zustand ein Zelt unentbehrlich. Hier kampieren Trekker auf der zairischen Seite des Ruwenzori in etwa 4000 Meter Höhe.
Foto: Marco Majrani

15 unten Bis in eine Höhe von 3000 Meter verlaufen die Wege zum Kilimanjaro durch Regenwald. Hier wandert eine Gruppe über die Machame-Route in etwa 2700 Meter Höhe.
Foto: Stefano Ardito

Wollhosen für die kalten Stunden geeignet, aber auch die altmodischen Kniebundhosen. Dazu gehören Wollhemden und -pullover bei Kälte.
In allen Höhenlagen ist ein regenfester Überzug (Jacke und Hose) aus Goretex oder einem vergleichbaren Material unerläßlich. Schließlich darf eine Kopfbedeckung und Nackenschutz gegen die stechende Sonne nicht vergessen werden, ferner Wollhandschuhe und eine Sonnenbrille. Wichtige Ausrüstungsgegenstände sind Wasserflasche, Ersatzschnürriemen, Mehrzweck-Messer, Taschenlampe, evtl. Stirnlampe. Für die Wahl des richtigen Schlafsacks muß man die kältesten Tage als Maßstab nehmen.
Besonders wichtig ist der Rucksack. Wer sein gesamtes Gepäck selber trägt, benötigt einen großen Rucksack mit mindestens 70 Liter Volumen. Wer sein Hauptgepäck einem Träger überlassen kann, kommt natürlich mit einem erheblich kleineren Rucksack aus. Wie auch in den Alpen sind geeignete Schuhe überlebenswichtig – eine falsche Wahl hat im günstigsten Fall unerfreuliche Erinnerungen zur Folge. Die Schuhe sollte vorher einige Monate eingelaufen sein. Leder und Cordura sind meist die beste Wahl. In großen Höhen und bei Schnee können Schuhe mit Goretex- oder Sympatex-Membranen nützlich sein. Gipfelbesteigungen am Ruwenzori und Mount Kenya erfordern eine Bergsteigerausrüstung (Seil, Brustgurt, Karabiner, Leinen, Helm, Steigeisen, Eispickel). Skistöcke, am besten einstellbar, sind immer nützlich.

Kleidung und Ausrüstung

Wichtige Anforderung an die Kleidung sind geringes Gewicht und gute Trageeigenschaften. Die Höhe des Treks und die Jahreszeit sind weitere wichtige Kriterien für das Gepäck. Besonders auf längeren Touren durch die afrikanischen Berge muß mit starken Klimaschwankungen und mit extremer Sonnenstrahlung gerechnet werden. In nur wenigen Tagen gelangt man von der Savanne um den Kilimanjaro und Mount Kenya mit Temperaturen von 40 °C in feuchtkalte Höhen von 4000 bis 5000 Meter. Besonders im Gebirge sind die Tag-Nacht-Unterschiede extrem. Ganz besonders trifft das für die gar nicht so hohen Berge der Sahara zu. Hier sollte man wissen, daß es im Winter in der Sahara weitaus kälter wird, als man es sich gemeinhin vorstellt.
In der Durchschnittshöhe der afrikanischen Berge (zwischen 2000 und 4000 Meter) sind feste Baumwollhosen (möglichst weiter und bequemer als Jeans), Shorts für die Tageshitze und Thermo- oder

Orientierung

Steige in den Alpen sind oft markiert – und wenn es nur Steinpyramiden sind. In Schneefeldern folgt man einfach den bereits vorhandenen Spuren. Die Karten sind genau und werden oft aktualisiert. Berghütten und Fremdenverkehrsämter bieten zusätzliche Informationen.
In Afrika ist alles ganz anders. Wegmarkierungen sind unbekannt, Steinpyramiden selten, Karten sind mit wenigen Ausnahmen ungenau und unzuverlässig. Anders als im

Himalaya entsprechen die Trekking-Routen nur selten den Wander- und Karawanenwegen der einheimischen Bevölkerung. In den bekannten Gebirgen ist die Orientierung nicht so schwierig, und die Steige sind meist gut erkennbar. Doch in den dichten Wäldern von Ruwenzori und Virungi oder in der Felsenwüste des Tassili ist die – ohnehin meist vorgeschriebene – Begleitung eines Führers fast eine Lebensversicherung. Mangels brauchbarer Karten sind Kompaß und Höhenmesser weniger hilfreich als in den Alpen.

Gesundheit

Viele gesundheitliche Probleme entsprechen denen beim Bergsteigen in den Alpen – Blasen, Krämpfe, Erfrierungen und Verstauchungen gibt es am Kilimanjaro wie in den Dolomiten.
Bei den höchsten Gipfeln ist ein zu rasches Steigen auf 4000 oder 5000 Meter ein weiteres Problem. Es erfordert Training, einige Tage Akklimatisierung und ein genaues Achten auf Symptome von Höhenkrankheit oder Ödemen. Wie im Himalaya oder Karakorum hilft dann nur der sofortige Abstieg. Die Sahara bietet ein sehr gesundes Umfeld, und auch Namibia und Südafrika (außer der Etoscha-Pfanne, Natal und dem Krüger-Nationalpark) bereiten keine besonderen Probleme. Im übrigen Afrika bestehen für Wanderer und Bergsteiger jedoch erhebliche Gesundheitsrisiken.
In weiten Gebieten ist außer Impfungen gegen Gelbfieber, Typhus und Cholera eine Malaria-Prophylaxe absolutes Muß. Die lokalen Malaria-Erreger dürfen gegen das Medikament nicht resistent sein. In Kenia, Tansania, Zaire und Uganda darf deshalb nicht Chloroquin als Prophylaxe eingenommen werden.
Darüber hinaus gibt es – wie überall in der „Dritten Welt" – eine Reihe von unbedingt zu befolgenden Regeln: Nicht abgekochtes oder desinfiziertes Trinkwasser, ungewaschene bzw. ungeschälte Früchte, rohes Fleisch, Salat unbekannter Herkunft führen zwangsläufig zu unerwünschten, oft gefährlichen Folgen, von denen Diarrhöe noch die harmloseste ist. Das Baden in stehenden

Gewässern birgt das Risiko der Bilharziose, die im ungünstigen Fall tödlich verläuft.

Notfälle

In unseren Gebirgen geschehen die meisten Unfälle aus Fahrlässigkeit und Fehleinschätzung des Terrains. In Afrika erfordern exponierte Steige, rutschige und schlammige Hänge und Geröllfelder mit Findlingen in einem labilen Gleichgewicht äußerste Vorsicht. Wer hier verunglückt, kann nicht auf die Hilfe einer Bergwacht hoffen, und die Bergung eines Verunglückten ist kaum rechtzeitig möglich.

Fotografieren

Sonnenuntergänge, wilde Tiere, Dörfer, Menschen... Afrika bietet Tausende von Fotomotiven, und dementsprechend viel Ausrüstung muß man mitnehmen. Wer zu Fuß unterwegs ist, sollte trotz allem das Gewicht der Ausrüstung beschränken – auch wenn ein Träger alles schleppen muß.
Ein Trekker sollte eine Kompaktkamera mit einem 35-mm-Objektiv für die Panorama-Fotos auf dem Weg dabei haben und eine Spiegelreflexkamera mit Wechselobjektiven (28 mm Weitwinkel, 50 mm und 105/135 mm Tele) bzw. einem Zoom-Objektiv. Wer sich auf Tierfotos spezialisiert, sollte sogar ein 200- oder 300-mm-Teleobjektiv mitnehmen. Pflanzenfreunde hingegen sollten ein Makro-Objektiv dabei haben. Filter, besonders UV-Filter, sind unerläßlich, für Teleaufnahmen und Aufnahmen im Dämmerlicht oder im immer relativ dunklen Wald auch ein kleines

16 Der Weg vom Inatye-Gipfel nach Chennek bietet herrliche Aussicht auf die imposanten Felsformationen des östlichen Simēn.
Foto: Stefano Ardito

17 links *Treks in Afrika führen durch eine große Vielfalt von Landschaften. Hier ist eine Kletterpassage auf der Garet-el-Djenoun-Route (2375 m) im algerischen Tafdasat zu sehen.*
Foto: Mario Verin

17 oben rechts
Europäische Besucher fühlen sich in den Bergen und Tälern von Marokko oft an Zuhause erinnert. Hier eine Klettergruppe auf dem Weg zum Jabal Toubqāl.
Foto: Marco Majrani

17 Mitte rechts
Der vom Herbst bis ins späte Frühjahr schneebedeckte Jabal Toubqāl (4165 m) ist der höchste Gipfel in Marokko und in Afrika nördlich der Sahara. Er bietet außergewöhnliche Aussichten.
Foto: A. Gogna/K3

Stativ. Die Filme sollten eine Empfindlichkeit von 25 bis 100 ASA haben. Man sollte bedenken, daß man in Afrika in den seltensten Fällen Filme nachkaufen kann! Die gesamte Fotoausrüstung muß gut vor Sonnenlicht und – in der Sahara – vor Wind mit seinen mikroskopisch kleinen Sandpartikeln geschützt werden.

VERHALTEN

„Allein schon der Lärm am Abend im Camp, die grellen Farben der

Bekleidung können für andere das Erlebnis der Wildnis schmälern." So steht es im offiziellen Führer für den Grand Canyon, eines der ursprünglichsten Gebiete der Erde. „Nichts läßt eine Naturlandschaft so bewohnt aussehen wie eine Gruppe Zelte... Es ist immer vorteilhafter, mit der Landschaft zu ‚verschmelzen'." Für Afrika gilt das natürlich in erhöhtem Maß.
Die Gipfel vom Mount Kenya und Kilimanjaro, die Wälder von Kamerun und Virunga, die Felsen der Drakensberge und des Al Hajjār sind wohl die spektakulärsten Naturdenkmäler der Erde, die von jedem Trekker und Bergsteiger respektiert und geschützt werden sollten. Ein verantwortungsbewußter Trekker wird sich immer entsprechend diskret verhalten und auch auf seine Begleiter achten. Abfall gehört nicht in die Landschaft, und das Verbrennen von Holz richtet ökologische Schäden an und schmälert die Bestände für die darauf angewiesene einheimische Bevölkerung.
Die Regionen um die hohen Berge und die fruchtbare kamerunische Hügellandschaft, besonders aber Ost-Zaire und Uganda, sind stark überbevölkert. Dies trifft auch für die weitaus ärmeren Savannen von Tansania und das äthiopische Hochland zu. Mehr als der Tourismus oder die Wilderei von Elefanten und den schon fast ausgerotteten Nashörnern gefährdet dieser immer

17 unten rechts
Die marokkanischen Berge südlich des Hohen Atlas sind unwirtlicher und wilder. Hier hat ein Wanderer einen der Felstürme des Djebel Sargho (Jabal Saghru) erklommen.
Foto: Marco Majrani

18 oben links *Treks in Afrika bieten die Möglichkeit, unzählige Habitate zu sehen. Hier die grasbedeckten Ausläufer des Nandeneck in Südafrika. Foto: Mauro Burzio*

18 Mitte links *Die Wolken lassen die unwirtliche Landschaft des marokkanischen Djebel Sargho (Jabal Saghru) noch magischer erscheinen. Foto: Marco Majrani*

18 unten links *Eine Herde auf der Suche nach Weideland am Fuß der Dogon Falaise in Mali. Foto: Marco Majrani*

18 rechts *Masken-Riten spielen eine wichtige Rolle in der Dogon-Kultur. Das fünf Tage dauernde Maskenfest wird in allen Dörfern Ende April/Anfang Mai gefeiert. Foto: Stefano Ardito*

stärker werdende Bevölkerungsdruck die letzten natürlichen Refugien – und besonders die Wälder an den Berghängen.
Dieses Problem existiert überall in der „Dritten Welt" und führt ausnahmslos zum Verschwinden der Wälder, zu Verschmutzung, Ausrottung von Arten und zur Erosion. Dem steht der Trekker und Bergsteiger hilflos gegenüber. Die tragische Entwicklung in Ruanda, Somalia und anderen Ländern hat gezeigt, wie untätig und unfähig die westlichen Länder solchen Katastrophen gegenüberstehen.

Doch gibt es auch positive Ansätze. Die einheimische Bevölkerung muß sehen, daß die Natur ihr wirtschaftliches Potential ist und allein schon deshalb geschützt werden muß. „Sanfter" Tourismus muß die lokale Wirtschaft stützen, wie es schon vielfach am Kilimanjaro, Mount Kenya oder Ruwenzori der Fall ist. Verantwortungsbewußtes Verhalten in der Natur allein genügt jedoch nicht – der Respekt vor den Menschen, ihrer Kultur, Tradition, Religion und ihren Tabus sollte wohl selbstverständlich sein. Der Trekker sollte nicht der aggressive Erlebnisjäger um jeden Preis sein, für den die lokale Bevölkerung nur ein Fotomotiv ist.
Schließlich sollte man auch darauf verzichten, Antiquitäten, Tierfelle und Tiere – ob lebendig oder präpariert – zu kaufen. Wer mit

Souvenirs wie Elfenbein, Leopardenfellen, Schildkrötenpanzern oder dergleichen ertappt wird, riskiert sowohl dort als auch bei uns drastische Strafen.

19 links *Porträt eines jungen Turkana-Mädchens aus Kenia.*
Foto: Marcello Bertinetti/White Star Archiv

19 oben rechts *Die Vielfalt der Völker ist ein weiteres Erlebnis auf Treks in Afrika. Dieses Bild zeigt Tuareg in der Wüste von Mali mit ihren Kamelen, die Salz geladen haben.*
Foto: Werner Gartung/Wings/Overseas

19 unten rechts *Zwei Frauen in Ti-n-Iddr beim Brotbacken an einem traditionellen Holzofen.*
Foto: Stefano Ardito

Über die Pfade von Teneriffa

Lava, Wälder und typische Landschaften
auf der grünen Insel der Kanaren

„Der Tag brach gerade an, als wir die Cuevo del Hielo verließen. Wir beobachteten ein Phänomen, das im Gebirge ziemlich häufig ist und durch die Lage des Vulkans noch markanter wurde: Eine weiße Wolkendecke schnitt das Meer und das Tiefland scheinbar ab von unserer Sicht. Die hohe Pyramide des Pico, die vulkanischen Gipfel von Lanzarote, Fuerteventura und La Palma erhoben sich wie vereinzelte Felsbrocken aus diesem Dunstmeer."
So beschrieb der Naturforscher Alexander von Humboldt seinen Aufbruch im Morgengrauen des 22. Juni 1799 auf den Teide, den höchsten Punkt der Kanarischen Inseln und ganz Spaniens. Nach einer Übernachtung „in beißender Kälte, obwohl wir den herrlichen afrikanischen Himmel über uns hatten", machte die Gruppe einen Abstecher vom Weg zum Gipfel, um diese bemerkenswerte, eisverzierte Höhle zu besichtigen. Weiter ging der Aufstieg über erodierte Lava, „über einen äußerst erschöpfenden, steilen Weg, wo unaufhörlich Lavablöcke neben unseren Füßen wegbrechen", wo „die sowieso schon fürchterlich langsamen einheimischen Führer alle zehn Minuten eine Pause machen".
Doch schließlich erreichten Humboldt und seine Begleiter den Gipfel, 3716 Meter über dem Meeresspiegel. Vor ihnen lag in Reichweite der kleine Krater des Teide mit seinen Kristallen und Fumarolen. Für den deutschen Naturforscher und seinen französischen Freund Aimé Bonpland war der zwar anstrengende, aber unkomplizierte Aufstieg auf den Vulkan eine willkommene Abwechslung auf ihrer langen Reise nach Amerika, wo die beiden eine der berühmtesten naturkundlichen Expeditionen der Geschichte durchführen sollten: die Erforschung des Orinoco-Beckens und einen Besteigungsversuch des Vulkans Chimborazo, der mit seinen 6300 Metern Höhe damals als der höchste Berg der Erde galt.
Während des Auf- und des Abstiegs hatte Humboldt ausreichend Gelegenheit, die vielfältige Natur der Insel zu bewundern. Seine Charakterisierung des Orotava-Tals als „einer der herrlichsten Plätze der Erde" wird heute auf Teneriffa ständig zitiert, und wer als erstes die Hotelburgen in den Touristenzentren der Insel sieht, mag das für eine Übertreibung halten. Doch wird sich das Zitat bald bestätigen, denn die abwechslungsreiche Landschaft, die historischen Denkmäler in den Städten und das angenehme Klima das ganze Jahr über machen die Insel zu einem Paradies für den Reisenden.
Es verwundert vielleicht, daß ein Buch über Trekking in Afrika mit Touren auf spanischem Boden beginnt; doch obwohl die Kanarischen Inseln in bezug auf ihre Bewohner, Tradition und Kultur spanisch sind, gehören sie geographisch zu Afrika. Fuerteventura und Lanzarote, die hinsichtlich ihres Klimas und der Landschaft am „afrikanischsten" sind, liegen gerade ein paar hundert Kilometer vor der marokkanischen Küste.
Die „Gücklichen Inseln", die schon von den Phöniziern besucht worden waren, wurden später von den Arabern und den Genuesern wiederentdeckt. 1402 begann die Eroberung mit der Landung des Franzosen Béthencourt, was die Europäer eine fünfzigjährige blutige Schlacht kostete, bis die komplexe und geheimnisvolle Zivilisation der Guanchen ausgerottet war.
In den Jahrhunderten des Spanischen Reiches boten die Kanaren, besonders Las Palmas de Gran Canaria und Santa Cruz de Tenerife, sichere Landungsstellen für die Handels- und Kriegsschiffe auf ihrem Weg nach Amerika, die hier

20-21 *Das warme Licht der Farben des Sonnenuntergangs spiegelt sich an den schroffen Türmen der Piedras Amarillas. Dieses Foto entstand in 2120 Meter Höhe im Herzen des Nationalparks Canadas del Teide. Foto: Stefano Ardito*

22-23 *Am Ende der Tour vom Strand von Hidalgo über Carboneras, Taborno und Afur grüßen die weißen Häuser oberhalb des blauen Atlantiks den Wanderer.*

23 oben *Der Weg von Portillo durch die Canadas del Teide zu den Piedras Amarillas bietet beeindruckende Anblicke von Lava-Türmen inmitten von Sandfeldern.*

23 unten *Der dritthöchste Berg von Teneriffa, der 2717 Meter hohe Montana de Guajara, wird über leichte Wege von den Canadas del Teide oder von Vilaflor aus erreicht.*
Fotos: Stefano Ardito

ihre Nahrungsmittel- und Weinvorräte aufstockten. Die weiter nördlich liegenden Azoren spielten eine ähnliche Rolle für die portugiesischen Seefahrer auf ihrem Weg nach Indien und Brasilien.
Die Landschaft von Teneriffa ist nach wie vor herrlich, obwohl die Insel längst eines der populärsten Reiseziele für sonnenhungrige Europäer geworden ist. Nicht weit von den großen Hotels von Puerto de la Cruz und Playa de Las Americas liegen im Norden der Insel die hübschen Städtchen Orotava und La Laguna mit ihren Gebäuden aus der Kolonialzeit, Weingärten und Bananenpflanzungen sowie die Lorbeer-Wälder der Halbinsel Anaga, die in ihrem Aussehen und Duft sehr an die mediterrane Macchia erinnern. Weiter oben, über 2000 Meter Höhe, erblickt der Wanderer ein völlig anderes, wildes Schauspiel: den Teide mit seinem majestätischen Vulkankegel, dessen Gipfel 3716 Meter hoch ist. Seit 1954 ist der Vulkan einer der wichtigsten spanischen Nationalparks (13 451 ha), der durch eine Straße erschlossen ist. Über Pfade gelangt der Besucher in eine bizarre, teilweise mondähnliche Landschaft, die zu Sonnenauf- und -untergang in allen Gelb-, Ocker- und Rottönen schimmert.
Ein Besuch des Nationalparks sollte mit einer Besteigung des Teide seinen Höhepunkt erhalten. Eine Seilbahn bringt jährlich Tausende von Touristen bis in 3550 Meter Höhe, doch ist eine Besteigung zu Fuß, besonders zu den magischen Stunden des Sonnenauf- und -untergangs, wie es Humboldt und Bonpland taten, vorzuziehen. Im Winter, wenn der Berg schneebedeckt ist und die Seilbahn nicht verkehrt, erfordert eine Besteigung des Teide Bergsteigerausrüstung und -erfahrung sowie geeignete Kleidung, da es auf diesem Einzelgipfel sehr stürmisch werden kann. Doch hat Teneriffa dem Wanderer noch mehr zu bieten als seinen höchsten Gipfel. Fast über die gesamte Insel ziehen sich Wanderwege verschiedener Länge. Besonders sehenswert sind die duftenden Pinienwälder zwischen Vilaflor und den Canadas, die wilde Halbinsel Teno im äußersten

Westen der Insel sowie die spektakuläre Halbinsel Anaga ganz in der Nähe von La Laguna und Santa Cruz. Besonders diese Halbinsel bietet viele Wanderwege voller Überraschungen. Man kann mit dem Bus über die Straße zum Cruz de Carmen und zum Pico del Inglès fahren und hat dann einen leichten Abstieg über herrliche Wanderwege, durch malerische Dörfer zur spektakulären Felsenküste von Taganana und Bajamar.

Nützliche Informationen

Dauer: Der Weg zum Pico de Teide dauert drei bis vier Tage. Die Halbinsel Anaga bietet zahlreiche Tageswanderungen.

Höhe: Meereshöhe bis 3716 m

Zeit: Das ganze Jahr über. Von November bis April ist die Teide-Besteigung eine Bergsteiger-Tour. Auch ist dann die Altavista-Berghütte geschlossen.

Formalitäten: keine

Schwierigkeitsgrad: Außer bei der Teide-Besteigung im Winter keine technischen Schwierigkeiten. Teile der Steige auf der Halbinsel Anaga sind exponiert!

Kondition: Die Besteigung des Teide ist wegen des Höhenunterschieds anstrengend. Ansonsten durchschnittlich.

Ausrüstung: Normale Trekking-Ausrüstung

Anreise: Das Liniennetz der TITSA verbindet alle Orte der Insel (einschl. Orotava, Canadas del Teide, Pico del Inglès und Taganana) mit Santa Cruz de Tenerife und den Touristenzentren. Da es in Portillo kein Hotel gibt, müssen Wanderer am Ende des ersten Abschnitts mit dem Bus nach Orotava und am nächsten Tag hierher zurückfahren.

Führer und Träger: Einige Hotels auf Teneriffa bieten organisierte Exkursionen an.

Umwege und weitere Gipfel: Die drei höchsten Gipfel der Insel, Pico de Teide (3716 m), Pico Viejo (3140 m) und Montana de Guajara (2717 m), sind bei der ersten Tour beschrieben. Zahlreiche mögliche Varianten umfassen den interessanten Abstieg von Degollada de Guajara nach Vilaflor. Im Winter ist die Altavista-Schutzhütte geschlossen, so daß der letzte Abschnitt auf den

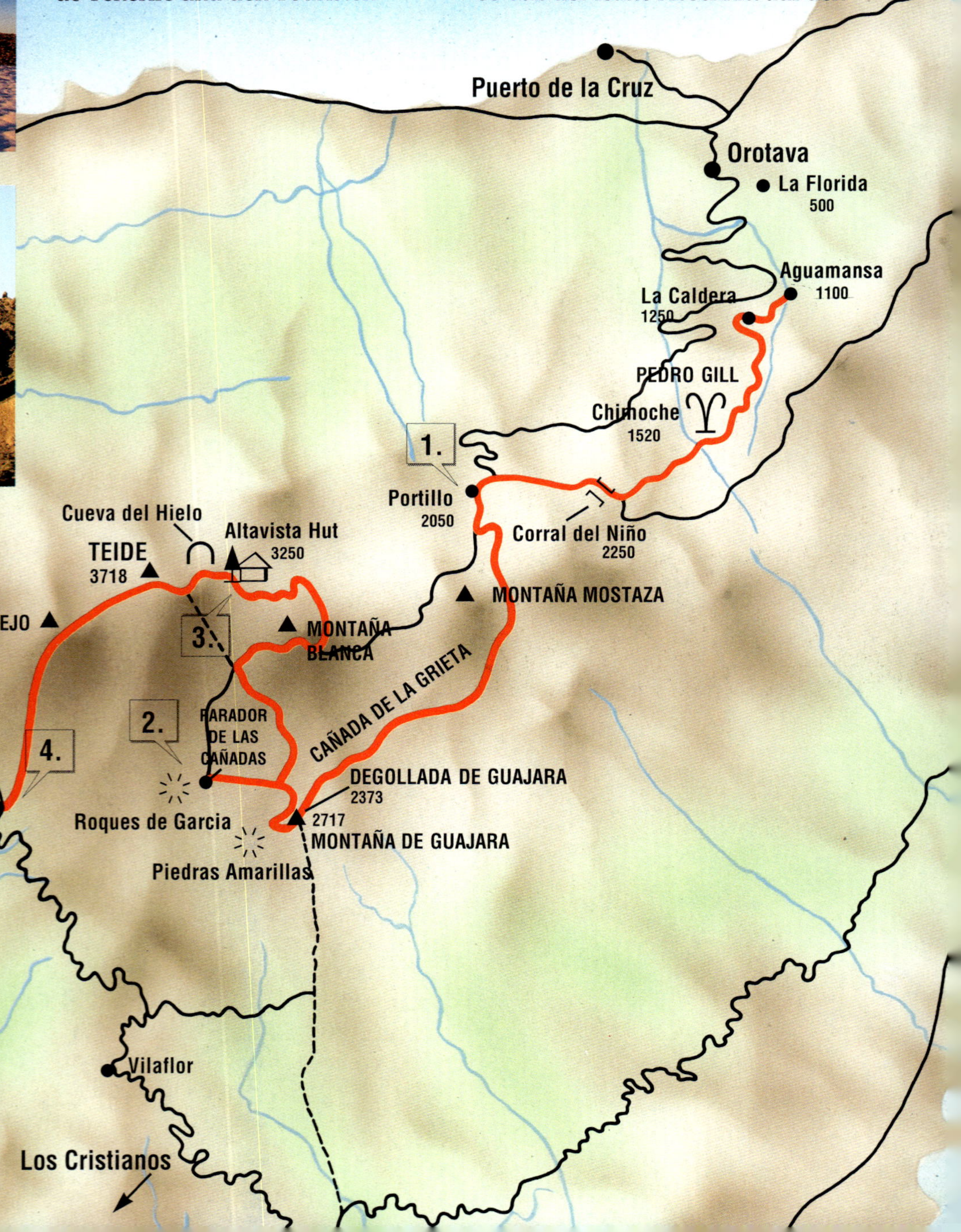

24 oben Das Licht des Sonnenuntergangs läßt die Lava und den Schnee auf dem Teide rot erscheinen. Dieses Foto entstand in 2700 Meter Höhe unweit vom Montana Blanca, am Beginn des anstrengendsten Teils des Steiges.
Foto: Stefano Ardito

24 unten Im Zentrum der Canadas, zu Füßen der dunklen Lavahänge des Pico de Teide, erscheinen die Felstürme der Roques de Garcia beim Sonnenuntergang rötlich.
Foto: Stefano Ardito

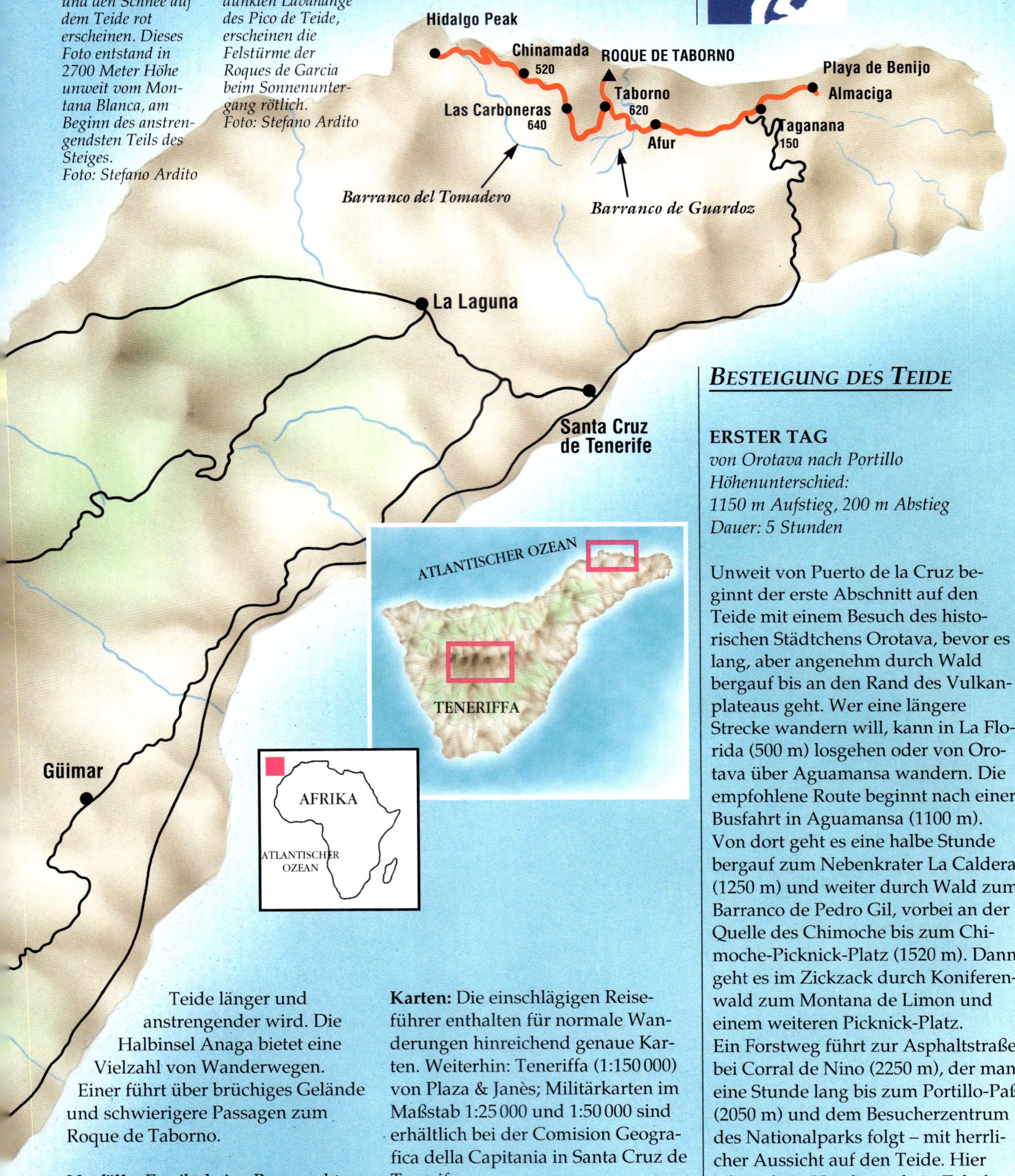

Teide länger und anstrengender wird. Die Halbinsel Anaga bietet eine Vielzahl von Wanderwegen. Einer führt über brüchiges Gelände und schwierigere Passagen zum Roque de Taborno.

Notfälle: Es gibt keine Bergwacht; im Notfall müssen die Rangers des Nationalparks, die Guardia Civil (Tel. 062) oder die Polizei (Tel. 091) verständigt werden.

Karten: Die einschlägigen Reiseführer enthalten für normale Wanderungen hinreichend genaue Karten. Weiterhin: Teneriffa (1:150 000) von Plaza & Janès; Militärkarten im Maßstab 1:25 000 und 1:50 000 sind erhältlich bei der Comision Geografica della Capitania in Santa Cruz de Tenerife.

Besteigung des Teide

ERSTER TAG
von Orotava nach Portillo
Höhenunterschied:
1150 m Aufstieg, 200 m Abstieg
Dauer: 5 Stunden

Unweit von Puerto de la Cruz beginnt der erste Abschnitt auf den Teide mit einem Besuch des historischen Städtchens Orotava, bevor es lang, aber angenehm durch Wald bergauf bis an den Rand des Vulkanplateaus geht. Wer eine längere Strecke wandern will, kann in La Florida (500 m) losgehen oder von Orotava über Aguamansa wandern. Die empfohlene Route beginnt nach einer Busfahrt in Aguamansa (1100 m). Von dort geht es eine halbe Stunde bergauf zum Nebenkrater La Caldera (1250 m) und weiter durch Wald zum Barranco de Pedro Gil, vorbei an der Quelle des Chimoche bis zum Chimoche-Picknick-Platz (1520 m). Dann geht es im Zickzack durch Koniferenwald zum Montana de Limon und einem weiteren Picknick-Platz.
Ein Forstweg führt zur Asphaltstraße bei Corral de Nino (2250 m), der man eine Stunde lang bis zum Portillo-Paß (2050 m) und dem Besucherzentrum des Nationalparks folgt – mit herrlicher Aussicht auf den Teide. Hier gibt es kein Hotel; wer kein Zelt dabei hat, muß zum Übernachten mit dem Bus nach Orotava oder Parador de Las Canarias zurückfahren.

26 oben *Die Altavista-Schutzhütte ist ein solider Ziegelbau in 3250 Meter Höhe. Sie bietet den Wanderern vor dem Endspurt auf den Gipfel eine letzte Rastmöglichkeit.*
Foto: Stefano Ardito

26 unten *Trekker auf dem leichten Weg entlang des Pico de Teide-Kraters direkt beim Gipfel.*
Foto: Stefano Ardito

ZWEITER TAG
Von Portillo zum Montana de Guajara und nach Parador de las Canadas
Höhenunterschied:
780 m Aufstieg, 720 m Abstieg
Dauer: 6 Stunden

Nachdem man die grünen Hänge nach Orotava und Puerto de la Cruz hinter sich gelassen hat, gelangt man in die bemerkenswerte Landschaft der Canadas und das weite Vulkangebiet um den Teide. Der recht kurze Abschnitt wird ergänzt durch eine Besteigung des Montana de Guajara, mit 2717 m der dritthöchste Berg der Insel. Vom Besucherzentrum geht es über eine für Fahrzeuge gesperrte Piste durch Lavagestein. An einer Gabelung geht es dann rechts weiter mit Blick auf die Lavafelder des Montana Mostaza. Hinter den Felsen des Montana Colorada und der Cueva de Diego Hernandez taucht dann der Canada de la Grieta auf. An einer Weggabelung (2180 m) biegt links der Weg auf den Degollada de Guajara-Paß (2373 m) ab. Rechts geht es weiter zum Montana de Guajara (2717 m; vorher zweigt links ein Weg nach Vilaflor ab). Ein weiterer Weg geht westlich bergab zur Degollada de Ucanca und anschließend nördlich steil bergab in Richtung der charakteristischen Piedras Amarillas. Der Weg mündet auf eine Asphaltstraße; dort hält man sich rechts zu den Türmen, dann über einen Weg bis Parador de las Canadas (2184 m). Nahe beim Hotel sind die Roques de Garcia, eine Gruppe charakteristischer Felstürme, die besonders bei Sonnenuntergang einen herrlichen Anblick bieten.

DRITTER TAG
von Parador de las Canadas zur Altavista-Schutzhütte
Höhenunterschied:
1150 m Aufstieg, 70 m Abstieg
Dauer: 6 Stunden

An diesem Tag gelangt man zur Altavista-Schutzhütte. Man kann hier auch übernachten. Von Parador geht es zunächst zurück bis Piedras Amarillas und dann etwa eine Stunde über den Weg am Fuß des Montana de Guajara. An einer Weggabelung muß man links abbiegen in Richtung auf den Pico de Teide, bis man wieder auf die Asphaltstraße unweit der Talstation der Seilbahn stößt. Dieser muß man dann gut 2 Kilometer nach rechts folgen. Hinter einem kleinen Paß zeigt ein großes weißes Schild den Beginn (2350 m) des Steigs auf den Montana Blanca an, dem man eine Viertelstunde folgt und den man dann links über einen der beiden steilen Pfade verläßt, mit denen man die Straße abkürzen kann, auf die man dann in 2700 m wieder stößt. Ein Schild markiert den Beginn des Weges, der in Haarnadelkurven zur Altavista-Schutzhütte (3250 m) führt. Man kann den Tag mit einem Spaziergang zur Cueva del Hielo, einer großen Höhle, abschließen.

VIERTER TAG
Von der Altavista-Schutzhütte zum Teide-Gipfel und zur Boca de Tauce
Höhenunterschied:
460 m Aufstieg, 1650 m Abstieg
Dauer: 6 Stunden

Auf diesem langen Abschnitt geht es zu den beiden Kratern des Vulkans und hinab geht es über den einsamen Weg zur Boca de Tauce. Am besten geht man im Morgengrauen los, zunächst über einen breiten Weg durch Lava zum Fuß des Gipfels und anschließend auf den Gipfel (3718 m). Der Abstieg verläuft über die Bergstation der Seilbahn (3555 m) und weiter westlich über den breiten Rambleta-Weg. Beim Aussichtspunkt am Ende des Weges geht es steil bergab zu dem Sattel zwischen den beiden Teide-Gipfeln und wieder kurz bergauf zum südlichen Gipfel Pico Viejo (3107 m) und zu einer großen Felsenpyramide. Anschließend verläuft ein guter Weg zu den beiden Narices del Teide-Kratern (2598 m); von dort geht ein schneller Abstieg durch Lavafelder zum Fuß des Vulkans. Der Weg durchquert das Chafari-Tal und verbreitert sich zur Boca de Tauce (2055 m) hin. Das letzte Stück nach Vilaflor oder Santiago del Teide kann mit dem Bus oder per Autostop zurückgelegt werden.

Von Punta del Hidalgo zum Taborno und nach Taganana

punkt auf den Roque de Taborno erreicht.
Der Abstieg erfolgt durch ein steiles Tal mit verstreuten Häusern zum Barranco de Guardoz und wieder etwas bergauf nach Afur (320 m), einem hübschen kleinen Dorf. Von dort verläuft die Tour über die Straße und dann eine Piste zu den Feldern des Dorfes Taganana (150 m). Das letzte Stück verläuft zu den Häusern von Almiciga und dem Felsenstrand von Beniyo (30 Minuten extra).

TAGESWANDERUNG
Von Punta del Hidalgo zum Taborno und nach Taganana
Höhenunterschied: 850 m
Dauer: 6,5-7 Stunden

Dies ist eine der längsten und schönsten Wanderungen über die Halbinsel Anaga, von den Weingärten von Tacoronto und Bajamar zum Fuß des spektakulären Roque de Taborno und nach Taganana, durch einige der entlegensten Dörfer der Insel. Ausgangspunkt ist am Strand von Hidalgo ein Weg, der von den Türmen Los Hermanos überragt wird. Nach Passieren einer Brücke über den Barranco de Tomadero geht es über einen steilen, in den Fels geschnittenen Steig in exponierter Lage.
Am Ende des schwersten Abschnitts liegen die wenigen Häuser von Chinamada (520 m), von wo es über eine Piste in Richtung Las Carboneras (640 m) weitergeht. Alternativ kann man den Weg nach Taborno (620 m) nehmen, von wo aus man in wenigen Minuten den Aussichts-

27 links *Der Felsturm Roque de Taberno an der Nordküste der Insel erhielt von Trekkern den Spitznamen „Matterhorn von Teneriffa".*

27 oben rechts *Die weißen Häuser von Tagarna kontrastieren mit den grünen Bergen und der blauen Weite des Atlantischen Ozeans.*

27 Mitte rechts
Das 640 Meter hoch liegende Las Carboneras ist eines der malerischsten Dörfer auf der Halbinsel Anaga.

27 unten rechts
Die Wege auf der Halbinsel Anaga führen zu den schönsten Dörfern von Teneriffa. Hier sind die Häuser von Taborno mit den Bergen von Taganana im Hintergrund zu sehen.
Fotos: Stefano Ardito

Der Jabal Toubqāl und seine Nachbarn

Höchster Gipfel des Atlas-Gebirges,
Hausberg von Marrâkech

Märchenhaftes Marrâkech... Die eleganten Formen der großen Moscheen, das Minarett der Koutoubiya, die Pavillons des Königspalastes El Badi, das geschäftige Treiben auf dem Djemaa el Fna, dem riesigen dreieckigen Platz – „Versammlung der Toten" – vor den Souks mit seinen Händlern, Gauklern, kleinen Ständen für Tee, Schisch Kebab und exotischen Leckereien... Gegründet kurz nach dem Jahr 1000, geschmückt und prachtvoll ausgebaut von den Almoraviden- und Almohaden-Dynastien, ist Marrâkech schon seit jeher Kreuzungspunkt der Wege zur Küste, in den Hohen Atlas und in die Wüste. Es ist die berühmteste und beliebteste Stadt in Marokko – völlig zu Recht.

Zu jeder Jahreszeit hat die alte Hauptstadt ihr eigenes Gesicht, besonders im Winter und zeitigen Frühjahr, und sie ist grundverschieden von ihren „Schwesterstädten" Fās, Rabat und Meknês, den anderen Königsstädten. Bald hinter den Minaretts, Kuppeln und alten Gebäuden der Medina, hinter der Stadtmauer im andalusischen Stil erheben sich die Berge des Hohen Atlas. Wenn seine Gipfel vom Schnee bedeckt sind, erscheint die Szenerie nur um so traumhafter. Wer glaubt, der Maghreb bestehe nur aus Wüste, Oasen und Palmen, wird überrascht sein. Und auch, wer nicht durch die Berge wandern möchte, erlebt auf den kurvenreichen Paßstraßen zum Tizi-n-Tichka und zum Tizi-n-Test, über die schon die mittelalterlichen Karawanen zogen, den Bann dieses gewaltigen Gebirges, seiner engen Täler und Dörfer mit ihren turmbewehrten Häusern und den Storchennestern auf ihren Dächern und Schornsteinen.

Wild und majestätisch erheben sich die Gipfel des Hohen Atlas bis zu

28-29 *Herrliche Aussicht auf das Dorf Tinrorine im Toubqāl-Massiv im Hohen Atlas. Die Gegend ist relativ wasserreich und weist eine üppige Vegetation auf. Foto: Christophe Boisvieux*

einer Höhe von 4165 Meter am Jabal Toubqāl, dem „Dach des Maghreb"; es folgen der Djebel Ouanoukrim mit 4088 Metern, der Afella mit 4015 Metern, der Akioud mit 4010 Metern und der Tazaghart mit 3974 Metern Höhe. Der nordöstliche Teil des Tazaghart bietet die spektakulärsten Anblicke der ganzen Bergkette. Und alle Gipfel bilden den Abschluß der engen Täler Asif-n-Mizane und Asif Azzadene; die Orte Asni und Imlil sind die Ausgangspunkte zu ihrer Besteigung.

Östlich hiervon erheben sich die prächtigen Berge rund um den populären Wintersportort Oukaïmeden, deren höchster mit 3616 Metern der Angour ist.

Der Hohe Atlas nimmt ein riesiges Gebiet ein. Auf den fast 400 Kilometern zwischen dem Tizi-n-Test und dem Ort Midelt erheben sich Hunderte von Gipfeln auf über 3000 Meter Höhe, tolle Felsformationen wie die des Todhra-Canyons, einsame und wilde Berge wie der Ighil M'Gūn (4071 m) und der Jabal Ayashi (3751 m), der den nordöstlichen Abschluß der Gebirgskette zu den Zedernwäldern und Hochebenen des Mittleren Atlas bildet. Doch der Jabal Toubqāl ist der beliebteste und bekannteste Berg. Schon seit den zwanziger Jahren ist er das Ziel von Wanderern und Bergsteigern. Von Imlil in 1750 Metern Höhe führt ein langer, steiniger Steig durch eine phantastische Landschaft zur Schutzhütte in 3200 Metern Höhe, und Tausende von Bergsteigern machen sich von hier jedes Jahr zu dem 4165 Meter hohen Gipfel auf – selbst im Winter und Frühjahr, wenn der Toubqāl und seine Nachbarberge Ziel von Hochgebirgs-Skiläufern aus ganz Europa sind.

Noch interessanter, als wieder nach Imlil abzusteigen, ist es allerdings, den Weg fortzusetzen. Die Zahl der Steige durch die Täler und höchsten Gipfel des Atlas ist schier unendlich. Hier soll eine etwa eine Woche dauernde Tour beschrieben werden. Sie ist allerdings nicht ganz einfach, denn sie führt nicht nur über den Toubqāl, sondern auch über den Angour (3616 m), die elegante Felsenspitze, die das Gebiet von Oukaïmeden im Süden begrenzt, und den Ouanoukrim (4088 m), den südwestlichen Nachbarn des höchsten Berges. Von hier aus eröffnet sich dann der Blick zur Sahara und die einsame Berglandschaft des Jabal Sirwah.

Bei dieser Tour sind Aufenthalte möglich in den Hütten von Oukaïmeden, Tacheddirt, Imlil, Toubqāl (oder Neltner) und Tazaghart (oder Lépiney), so daß eine Campingausrüstung nicht erforderlich ist. Weiterhin können auch leichtere Versionen dieser Tour gegangen werden.

Die richtige Zeit ist sehr wichtig. Im Hochsommer sind die Steige leichter, doch sind weite Geröllfelder auf dem Weg besonders beschwerlich. Das späte Frühjahr ist sicher die günstigste Zeit, da diese Bereiche dann noch schneebedeckt sind. Dafür benötigt man Eispickel und Steigeisen, und wer mit Maultieren gehen möchte, ist auf solche Steige beschränkt, die von den Tieren begangen werden können.

Wer Winter und Schnee mag, hat auf den Hochplateaus des Mittleren Atlas ein weites Betätigungsfeld. Wer die Farben der Felsen, Alman und die Kultur der lokalen Berber mag, wird die Berggebiete von Sirwah und Saghru vorziehen.

30 Berber-Hirtenmädchen am Fuß der Atlas-Berge. Foto: Christophe Boixvieux

***31 oben** Dieses Berberdorf liegt in der Nähe des Jabal Saghru unweit des Trekking-Gebietes. Foto: Marco Majrani*

***31 unten** In den entlegenen Tälern des Atlas ist das Maultier auch heute noch das häufigste und geeignetste Verkehrsmittel zu den einsamen Häusern und Dörfern. Foto: Marco Majrani*

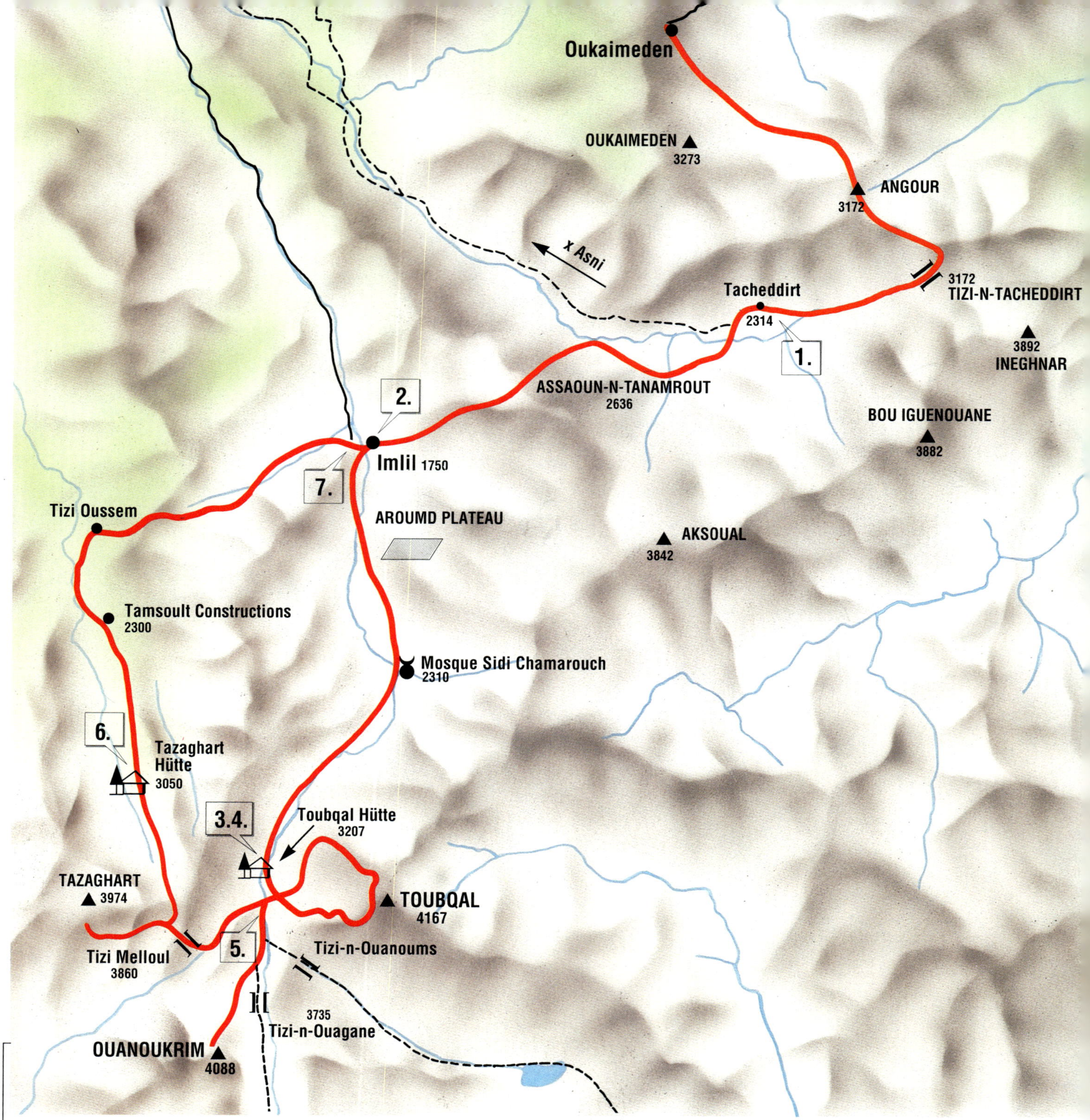

Nützliche Informationen

Dauer: 5-7 Tage. Nur besonders trainierte Bergwanderer schaffen diese Tour ohne eine ein- bis zweitägige Zwischenpause.

Höhe: 1740-4165 m

Zeit: Diese Route ist in für Bergwanderer gutem Zustand von Mai bis Mitte Oktober. Bis Ende Juni sind Steigeisen und Eispickel in den schneebedeckten Höhen nützlich. Der Hochsommer ist sehr heiß. Im Winter und zeitigen Frühjahr sind der Toubqāl und die benachbarten Berge beliebte Wintersportgebiete.

Formalitäten: Eine spezielle Erlaubnis ist nicht erforderlich. Über Einreisebestimmungen informieren Reisebüros und die marokkanische Botschaft.

Schwierigkeitsgrad: Stellenweise leichtes Klettern (Grad I), beim Besteigen des Angour teilweise in exponierter Lage. Die steilen, schneebedeckten Hänge erfordern große Vorsicht, besonders zu Tagesanbruch, wo Eis auftreten kann.

Kondition: Ziemlich anstrengend, besonders, wenn keine Ruhetage eingelegt werden. Im August extrem heiß!

Ausrüstung: Im Hochsommer normale Trekkingausrüstung. Im Frühjahr sind Eispickel und Steigeisen ratsam. Aufgrund der Schutzhütten ist ein Zelt nicht erforderlich.

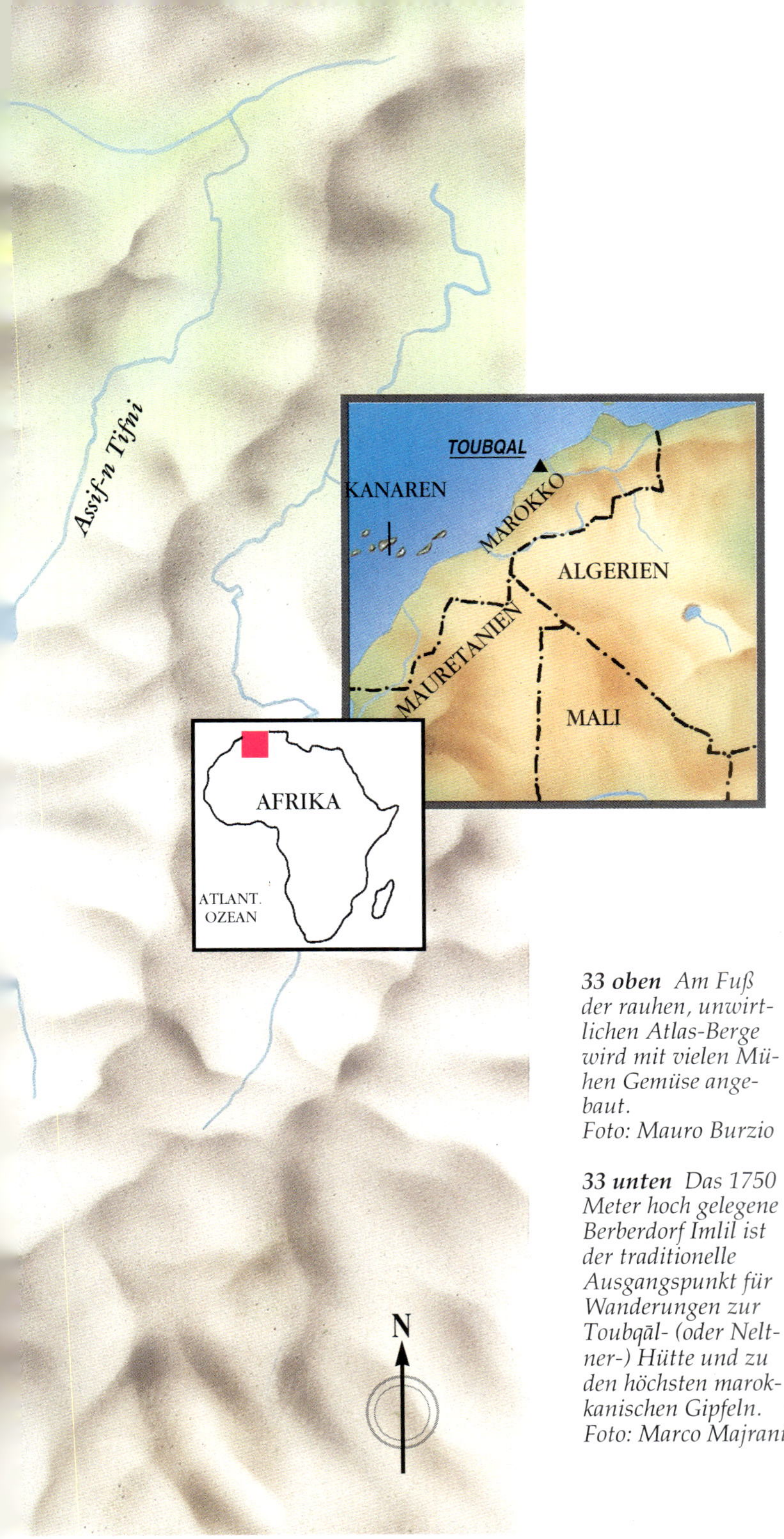

33 oben *Am Fuß der rauhen, unwirtlichen Atlas-Berge wird mit vielen Mühen Gemüse angebaut.*
Foto: Mauro Burzio

33 unten *Das 1750 Meter hoch gelegene Berberdorf Imlil ist der traditionelle Ausgangspunkt für Wanderungen zur Toubqāl- (oder Neltner-) Hütte und zu den höchsten marokkanischen Gipfeln.*
Foto: Marco Majrani

Anreise: Die Wintersportgegend von Oukaïmeden (2620 m) ist über eine asphaltierte Straße von Marrâkech zu erreichen (75 km). Ebenfalls gute Straße nach Imlil (1750 m). Beide Orte sind gut per Bus und Taxi (Preis aushandeln!) erreichbar.

Führer und Träger: Sind in Oukaïmeden und Imlil zu mieten.

Umwege und Gipfel: Angour (3614 m), Toubqāl (4165 m), Ouanoukrim (4088 m) und der imposante, aber leichte Tazaghart (3974 m) liegen auf der vorgeschlagenen Strecke. Weitere Gipfel können ebenfalls von dieser erreicht werden, z. B. der leichte Akioud (4010 m) und der nur für Bergsteiger geeignete Tadat (3760 m).

Notfälle: Die Schutzhütten sind besetzt und verfügen über Erste-Hilfe-Ausrüstung und Tragen. Sie können mit Maultieren erreicht werden. Am Rand des Gebirges sieht es ungünstiger aus. Hier sollte man grundsätzlich mit Maultieren unterwegs sein.

Karten: Am besten das Blatt Oukaïmeden-Toubqāl der Carte du Maroc (1:100 000)

1. TAG
von Oukaïmeden zum Angour und zur Schutzhütte Tacheddirt
Höhenunterschied: 1000 m beim Aufstieg, 1300 m beim Abstieg
Dauer: 7,5 Stunden

Der Weg beginnt mit einem langen, beschwerlichen Abschnitt und beim Aufstieg auf den Angour-Gipfel mit einigen exponierten Stellen. Wer es etwas leichter haben möchte, folgt dem Muli-Pfad über den Tizi-n-Wadi (2918 m). Hinter Oukaïmeden geht ein unbefestigter Weg dann durch das Tal in Richtung des Angour und steil bergan zum Tizi-n-Itbir (3295 m). Weiter geht es durch eine breite Geröllschlucht, dann über einen Paß und weiter entlang eines schmalen und exponierten Felsgesimses zum Bergplateau. Nach leichter Kletterei wird der Gipfel (3616 m) erreicht. Der weitere Weg führt über den breiten Ostrücken, bevor er über ein schmales Gesims hinab zum Tizi-n-Tacheddirt (3172 m). Es folgt eine Reihe Kurven am Fuß der Angour-Südwand, wonach sich ein breites Tal zur Hütte Tacheddirt (2314 m) öffnet.

2. TAG
von Tacheddirt nach Imlil
Höhenunterschied: 400 m Aufstieg, 850 m Abstieg
Dauer: 5 Stunden

Kurze und leichte Etappe über Fahrwege. Der Weg selbst ist recht monoton, doch ist die Landschaft interessant. Es wird der Aussichtspunkt Assaoun-n-Tanamrout erreicht. Beim Abstieg muß man zunächst durch den Fluß waten, dann läßt man den Fahrweg nach Asni rechts liegen und steigt wieder bergan über einige Flüsse zu einem namenlosen Sattel (2259 m). Von hier führt ein interessanter Abstecher (insges. 2 Stunden) zum Assaoun-n-Tanamrout (2636 m). Zurück zum Paß, dann hinab in eine Schlucht und durch ein Dorf nach Imlil (1750 m).

34 oben *Auf den Steigen im Hohen Atlas sind Maultiere unentbehrliche Begleiter auf Trekking-Touren – hier auf dem Pfad auf den Toubqāl oberhalb von Sidi Chamarouch.*
Foto: Marco Majrani

34 Mitte *Eine Trekker-Gruppe auf dem steinigen Aufstieg von Imlil auf den Toubqāl, unterhalb von Sidi Chamarouch.*
Foto: Marco Majrani

34 unten *Auf den terrassenförmig angelegten Feldern von Imlil zu Füßen des Toubqāl wird Weizen, Gerste und Mais angebaut.*
Foto: Marco Majrani

3. TAG
von Imlil zur Toubqāl- (oder Neltner-) Schutzhütte
Höhenunterschied: 1550 m
Dauer: 4 Stunden

Dieser Abschnitt ist nicht besonders mühsam. Der Steig ist viel begangen und führt zum Fuß des Toubqāl und der anderen umliegenden Gipfel. Der Weg führt anfangs durch Maisfelder. Dann geht es weiter steil bergan zum Aroumd-Plateau und nach einem ebenen Stück wieder bergan zu den wenigen Häusern und der Moschee von Sidi Chamarouch (2310 m). Der weitere Weg verläuft über ein stark abfallendes Stück im Tal zur Schutzhütte (3207 m).

4. TAG
von der Toubqāl- (oder Neltner-) Schutzhütte zum Jabal Toubqāl und zurück
Höhenunterschied: 950 m
Dauer: 6 Stunden

Die Strecke ist nicht besonders lang, aber aufgrund der Steigungen und Geröllfelder im letzten Abschnitt anstrengend. Der Steig sollte mit dem ersten Schnee begangen werden. Die Aussicht vom Gipfel ist jedoch immer überwältigend. Zunächst muß man den Fluß überqueren, dann durch die Senke Irhzer-n-Ikhibi im Süden davon, die allmählich wieder ansteigt und anstrengend wird; bei Schnee ist dieser

Abschnitt weitaus schöner. Dann geht es weiter nach links über eine Moräne, die vom Tizi-n-Toubqāl abgeschlossen wird, und wieder nach links über anstrengende Geröllhänge. Diese möglichst bald schräg in Richtung Bergrücken queren, der zum Gipfel (4168 m) führt. Der Abstieg geht schnell und problemlos. Alternativ kann man über eine andere Senke aufsteigen, die weiter nördlich liegt (von der Hütte aus links) und wo der Schnee länger als auf der anderen Strecke liegt. Erfahrene und gut ausgerüstete Bergsteiger können die Rücken von Ouanoums und Ifni besteigen (passagenweise Schwierigkeitsgrad IV).

5. TAG
von der Toubqāl- (oder Neltner-) Schutzhütte zum Djebel Ouanoukrim und zurück
Höhenunterschied: 880 m
Dauer: 5,5 Stunden

Diese Bergtour wäre nicht vollständig, wenn nicht auch der Djebel Ouanoukrim bestiegen wird. Von der Hütte folgt man zunächst dem Tal zum Tizi-n-Ouanoums bis zu einem Plateau, von dem der Aufstieg durch eine breite Geröllschlucht zum Paß Tizi-n-Ouagane (3735 m) erfolgt. Dann geht es über einen schönen und angenehmen Bergrücken zu einer Felsenmarke, wo man nach rechts abbiegt und wieder an den Berggrat zurück und hierüber zum Gipfel (4088 m) geht. Der Abstieg erfolgt über denselben Steig. Der Ouanokrim bietet noch weitere, aber schwierige Klettertouren.

6. TAG
von der Toubqāl- (oder Neltner-) Schutzhütte zur Tazaghart- (oder Lépiney-)Schutzhütte
Höhenunterschied: 800 m Aufstieg, 960 m Abstieg
Dauer: 7 Stunden

Hinter der Toubqāl-Hütte führt dieser Abschnitt vom Hauptweg weg in den wildesten und spektakulärsten Teil der Bergkette, in exponierter Lage und nahe am Tazaghart-Gipfel. Der Aufstieg zum Tizi-n-Amharas-n-Iglioua ist ziemlich steil. Zunächst geht man einige Zeit bergan in Richtung des Tizi-n-Ouanoums, dann entlang einer tiefen Schlucht. Dahinter folgt eine Strecke quer hinüber zum Tizi-n-Amharas-n-Iglioua (3815 m). Von hier führt ein kurzer Steig zum Akioud-Gipfel (4010 m; insges. 1 Stunde). Dann geht es quer über ein beschwerliches Felsterrain zum Tizi Melloul (3860 m), wo ein einfaches Wegstück über einen Kamm zum normalen Steig auf den Tazaghart (3974 m) führt. Zurück am Paß, wandert man bergab über Stein- oder Schneehänge zum Kar von Arhzane und weiter durch eine tiefe Schlucht unter den Felsen des Tazaghart zur Tazaghart-Schutzhütte (3050 m).

7. TAG
von der Tazaghart- (oder Lépiney-) Schutzhütte nach Imlil
Höhenunterschied: Aufstieg 250 m, Abstieg 1550 m
Dauer: 5 Stunden

Der letzte Abschnitt der Tour führt über einen einfachen, aber langen Weg durch Nadelwälder zur Schutzhütte. Eine kurze Kletterei führt zu den Tamsoult-Formationen (2300 m; kleine Schutzhütte), dann hinab in Richtung Tizi Oussem. Anschließend verläßt man das Tal und steigt rechts (ostwärts) zum Sattel Tizi-n-Tacht (2489 m) an. Ein guter Maultierpfad führt durch Weideland und gelegentliche Wälder nach Imlil.

35 oben *Zwei Trekker auf der Hauptroute auf den Jabal Toubqāl, hinter dem schwersten Abschnitt. Hinter ihnen erhebt sich der 3974 Meter hohe Gipfel des Tazaghart. Foto: Stefano Ardito*

35 Mitte oben *Die Neltner-Hütte, auch Toubqāl-Hütte genannt, ein recht bequemer Bau, der zwischen den Weltkriegen errichtet wurde, steht in 3207 Meter Höhe. Im Hintergrund sind die beschwerlichen Geröllabschnitte zu sehen, die man bei der Toubqāl-Besteigung passieren muß. Foto: Marco Majrani*

35 Mitte unten *Der letzte Abschnitt vor dem Toubqāl-Gipfel ist das beschwerlichste Stück. Hier gehen einige Trekker über die Felsen des Osthangs. Foto: Marco Majrani*

35 unten *Eine Metallpyramide markiert den 4165 Meter hohen Gipfel des Jabal Toubqāl. Im Hintergrund erstreckt sich die endlose Sahara jenseits des Sirwah-Massivs. Foto: Marco Majrani*

Der Jabal Sirwah

Ein faszinierender Trek am Rande
der marokkanischen Sahara

Purer Fels, rauhe Steinplateaus und plötzlich grünbewachsene Täler... Der Jabal Sirwah im Süden des Hohen Atlas und noch in Sichtweite des Toubqāl und anderer Gipfel dieser Region, aber auch schon unweit der unendlichen Steinfelder der Sahara, zeigt uns die andere Seite der marokkanischen Berge. Es ist eine rauhere und imposantere Steinwelt als die „Viertausend" südlich von Marrâkech, in der Antilopen, Geier und der Serval, eine große Wildkatze der Sahara, leben. Vor allem aber ist dies ein Gebirgsgebiet, das bisher vom Massentourismus verschont blieb, in dem die gastfreundlichen Menschen noch sehr traditionell leben in ihren Gebäuden aus ungebranntem Ton. Der abgelegene Jabal Sirwah inmitten herrlicher, einsamer Täler ist vielleicht die am wenigsten bekannte Gebirgsregion in Marokko. Der Jabal ist ein erloschener Vulkan, der sich bis in 3305 Meter Höhe erhebt und die südliche Begrenzung des Atlas-Gebirges zur Sahara hin bildet. Ausgangspunkt für seine Besteigung ist Warzāzāt, eine Stadt, die in den letzten zehn Jahren große Veränderungen erfahren hat. Aus einer verschlafenen Stadt am Rande der Wüste mit einer Kaserne, einem Campingplatz und ein paar Herbergen wurde ein wichtiger Touristenstützpunkt mit Luxushotels, einem internationalen Flughafen und Tausenden von Touristen. Wenige Kilometer entfernt ist ein Freilicht-Filmstudio, in dem international renommierte Filme gedreht wurden. Doch nur eine Fahrstunde von der Straße zwischen Warzāzāt und der Küste bei Aghādir entfernt ist man in eine andere Welt versetzt. Die Dörfer am Fuß des Sirwah-Massivs, dessen wichtigste Tagouyamt, Atougha und Ti-n-Iddr sind, bestehen aus herrlichen Lehmbauten und besitzen noch die bewehrten Vorratsbauten, die früher die Nahrungsvorräte des Dorfes vor Plünderern schützen sollten. Die Täler sind unwirtlich und felsig, verfügen aber auch über Weideland. Oberhalb von 2000 Metern leben die Hirten mit ihren Familien vom Juni bis September – die Weiden gleichen fast Dörfern. Gegen Ende der jährlichen Hirtenwanderung besteigen die Familienoberhäupter den höchsten Gipfel des

36-37 *Eine Gruppe von Trekkern unterwegs zum Sirwah-Gipfel, der mit 3305 Meter Höhe die Landschaft zwischen Warzāzāt und dem Hohen Atlas dominiert.*
Foto: Stefano Ardito

37 *Moschee von Tagouyamt, dem Ausgangspunkt des hier beschriebenen Treks, im Hintergrund die kahlen Hänge des Jabal Sirwah.*
Foto: Stefano Ardito

Sirwah, um dort ein Schaf zu opfern – auf dem Berg haben die Einheimischen schon immer um Wasser und Wohlstand gebetet. Wie auf allen Wüstenbergen ist der Winter eiskalt und der Sommer extrem heiß. Der herrliche, aber nur kurze Frühling, wenn die Pflanzen in voller Blüte stehen, bietet die günstigsten Wetterbedingungen zum Wandern.

Für den Trekker ist der Sirwah eine ausgezeichnete Gegend für leichte Touren und interessante Abenteuer. In zwei Tagen kann man es von Tagouyamt oder Ti-n-Iddr zum höchsten Gipfel und zurück schaffen, in vier oder fünf Tagen kann man über den Gipfel und ganz um das Massiv herum wandern, wobei man durch entlegene Täler und über Almen, an bizarren Felsformationen und unerwarteten Seen vorbei kommt. In den letzten Jahren wurden die Pfade über den Sirwah zu einem Wanderwegenetz ausgebaut.

Mit Hilfe Frankreichs wurden zwischen 1985 und 1992 Bergführer ausgebildet, Lager eingerichtet und Agenturen gegründet, die sich auf Trekking im Sirwah spezialisieren. Die Tour *Grande Traversée des Atlas Marocains* führt über die vier Bergmassive Sirwah, Sāru, Toubqāl und Magoun sowie durch über fünfzig Dörfer. Das Ausbildungszentrum Tabannt bildete außer Agrarfachleuten, Künstlern und Konstrukteuren für die traditionellen Atlas-Bauwerke auch 153 Bergführer aus. 80 % von ihnen können von diesem Beruf leben; viele haben sich auf Klettern, Bergski oder Wildwasserfahrten spezialisiert.

In den Dörfern wurden kleine, einladende Rasthäuser eingerichtet, in denen Trekker, aber auch andere Besucher übernachten können. Meist sind es die ältesten und charakteristischsten Gebäude; einige werden privat bewirtschaftet, die meisten aber von der Dorfgemeinde. Viele Bauern und Hirten arbeiten nebenher noch als Fahrer oder Maultierführer oder verkaufen Teppiche, die von den Frauen hergestellt werden.

Die hier beschriebene leichte Wanderung durch das Sirwah-Massiv kann gut mit anderen Bergtouren in Marokko kombiniert werden, insbesondere auf den nahegelegenen Toubqāl, mit einem Ausflug in die Wüste bei Zākūra und zu den phantastischen Sanddünen bei Arfūd oder mit einem Besuch von Marrâkech. Im Frühjahr, der besten Jahreszeit für einen Trek durch das Massiv, bietet sich auch ein Badeaufenthalt an der Küste bei Aghadir an.

38 Die Dünen von Merzouga in der Nähe von Arfūd sind die spektakulärsten und am häufigsten fotografierten in der marokkanischen Sahara.

38-39 Nach der Besteigung des Jabal Sirwah sollte man noch eine Tour in die Wüste unternehmen, in die sehenswerte Umgebung von Arfūd, wo Sanddünen und Felsformationen die Landschaft prägen. Fotos: Marie Anne Chamel/Agentur Freestyle

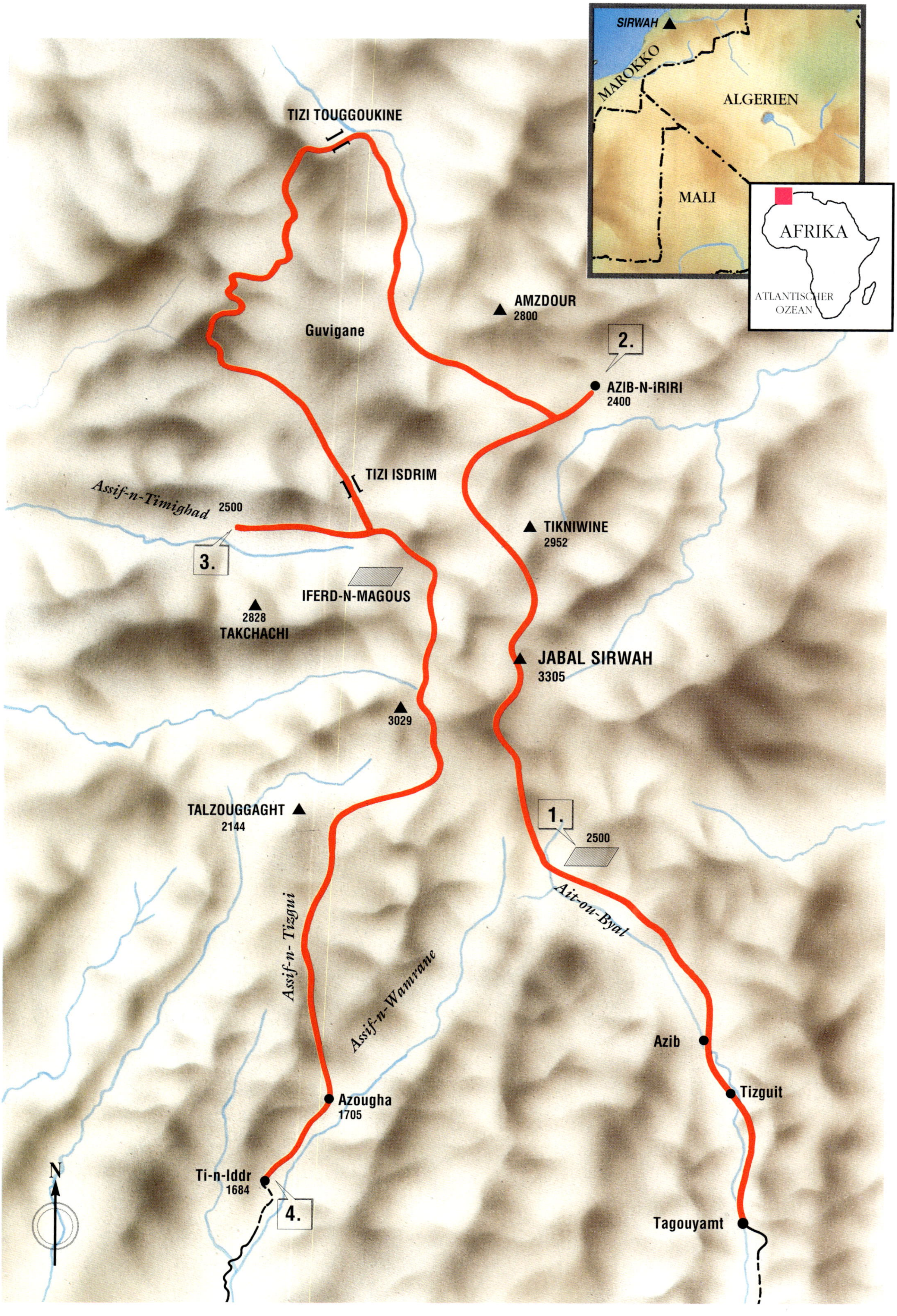

SIRWAH
MAROKKO
ALGERIEN
MALI
AFRIKA
ATLANTISCHER OZEAN
TIZI TOUGGOUKINE
AMZDOUR
2800
Guvigane
2.
AZIB-N-IRIRI
2400
TIZI ISDRIM
Assif-n-Timighad
2500
3.
TIKNIWINE
2952
IFERD-N-MAGOUS
2828
TAKCHACHI
JABAL SIRWAH
3305
3029
TALZOUGGAGHT
2144
1.
2500
Ait-ou-Byal
Assif-n- Tizgui
Assif-n-Wamrane
Azib
Tizguit
Azougha
1705
Ti-n-Iddr
1684
4.
Tagouyamt
N

Nützliche Informationen

Dauer: 4 Tage
Höhe: 1684-3308 m
Zeit: Am besten in den Übergangszeiten – im Frühjahr blühen Millionen von Blumen. Der Sommer ist äußerst heiß.
Formalitäten: Eine spezielle Trekking-Erlaubnis ist nicht erforderlich. Über Visa-Bestimmungen informieren Reisebüros und die marokkanische Botschaft.
Schwierigkeitsgrad: Der Trek führt nur über Pfade und bereitet keine Probleme. Einzige Ausnahme ist die Besteigung des felsigen Gipfels des Sirwah, bei dem eine kurze, freie Passage des II. Schwierigkeitsgrads zu überwinden ist.
Kondition: Durchschnittlich, aber Vorsicht im Sommer vor der Hitze!
Ausrüstung: Normale Trekkingausrüstung. Zelt und Kochgeschirr sind nur notwendig, wenn man ganz unabhängig trekken will. Ein 20 Meter langes Seil ist nötig, um Unerfahrene bei der Gipfelbesteigung zu sichern.
Anreise: Von Warzāzāt sind es etwa 150 km bis zum Tal Assif-ou-Byal und den schönen Dörfern Ti-n-Iddr (1684 m), Atougha (1705 m) und Tagouyamt (1950 m), zunächst über eine asphaltierte Straße, dann über gut befahrbare Piste. Ein kurzer Umweg über die herrlichen Felsentürme von Taslit ist empfehlenswert.
Führer und Träger: Ein Führer kann direkt in den Dörfern um den Sirwah angeheuert werden, oder man bucht bereits in Marrâkech, Casablanca oder Rabat eine Trekking-Tour.
Umwege und Gipfel: Der Sirwah-Gipfel (3304 m) liegt auf dem Weg. Kurze und leichte Umwege führen zum Talzouggaght (2844 m) und zum Amzour (3002 m). Der elegante Doppelgipfel des Tikiniwine (2907 m und 2952 m) kann nur mit einer schwierigen Felsenkletterei erreicht werden.
Notfälle: Die meist befahrbaren Wege im Berggebiet ermöglichen einen raschen Transport von Verletzten. Wenn Maultiere mitgeführt werden, vereinfacht das die Sache natürlich.
Karten: Am besten das Blatt Taliwine der Carte du Maroc (1:100 000). Der offizielle Bergführer La Grande Traversée des Atlas Marocains ist erhältlich beim nationalen Fremdenverkehrsamt von Marokko oder direkt von Centre d'Information sur la montagne, c/o Ministère du Tourisme, 1 Rue d'Oujda, Rabat.

41 oben Die Straße von Warzāzāt nach Zākura und in die Sahara führt an mehreren Wehrdörfern, den ksour, vorbei.
Foto: Marco Majrani

41 unten Das malerische Dorf Ti-n-Iddr, das mit Warzāzāt über einen recht guten Fahrweg verbunden ist, liegt am Ende dieses Treks.
Foto: Stefano Ardito

42 oben *Eine Trekker-Gruppe beim Camping in Tagouyamt (1950 m) vor der Wanderung auf den Sirwah.*

42 Mitte oben *Zwischenstation am Ende des ersten Tages im oberen Aït-ou-Byal-Tal in 2500 Meter Höhe.*

42 Mitte unten *Eine Maultierkarawane mit Vorräten und Gepäck folgt einer Trekker-Gruppe vom Dorf Azib ins Aït-ou-Byal-Tal.*

42 unten *Kurze Pause auf dem zweiten Abschnitt des Treks vom Aït-ou-Byal-Tal zum Sirwah-Gipfel.*
Foto: Stefano Ardito

1. TAG
von Tagouyamt zum Aït-ou-Byal-Tal
Höhenunterschied: 700 m
Dauer: 3 Stunden

Dies ist ein kurzer und einfacher Zugang in die Bergwelt. Man trifft auf die herrlichen, befestigten Speicherbauten in der Felsenschlucht vor Tizguit. Von Tagouyamt geht es zunächst über einen Maultierweg durch das Massiv. Nach etwa 1 Stunde erreicht man den Anfang der Schlucht mit den Wehrspeichern. Über ein kurvenreiches Wegstück gelangt man zum Dorf Azib, von wo aus es über einen breiten Rücken und über den Berg zum oberen Teil des Aït-ou-Byal-Tals geht. Hier kann man in 2500 m Höhe mit Blick auf einen Wasserfall campen.

2. Tag
vom Aït-ou-Byal-Tal zum Jabal Sirwah und nach Azib-n-Iriri
Höhenunterschied: Aufstieg 850 m, Abstieg 950 m
Dauer: 7 Stunden

Dies ist ein langer und beschwerlicher, aber auch sehr interessanter Abschnitt, der auf den höchsten Gipfel des Gebietes zu den Almen und den Steingebäuden von Azib-n-Iriri, in Sichtweite der Felsengipfel des Tikniwine führt. Zunächst geht es durch das Tal bis zu seinem Ende, wo man sich neben einigen Felsentürmen nach rechts wendet und über einen recht monotonen Hang hinaufgeht. Ein kurzes Kletterstück führt über den Berg und durch eine Schlucht zum Fuß des Sirwah, dessen Gipfel sich hier einige hundert Meter hoch erhebt. Man erreicht ihn entlang einer Felsspalte, dann rechts über ein exponiertes Gesims (Schwierigkeitsgrad II) und entlang einer weiteren Spalte, die keine Schwierigkeiten bereitet. Über einen relativ einfachen Rücken (Grad I) geht es auf den Gipfel (3305 m). Der Abstieg erfolgt auf der anderen Seite entlang von Fels und Felsspalten, einem weiteren Kletterstück (Grad II). Weiter geht es durch leichtes Gelände entlang eines tiefen und steilen Bachlaufs. An dessen Ende hält man nach links auf ein Tal zu, dem man ein Stück bis zum Dorf Azib-n-Iriri (2400 m) folgt, wobei man nördlich am Tikniwine vorbeikommt.

3. TAG

von Azib-n-Iriri zum Assif-n-Timighad-Tal
Höhenunterschied: Aufstieg 850 m, Abstieg 750 m
Dauer: 6 Stunden

Der Weg führt ständig im Zickzack, bis man das Plateau nördlich des Sirwah und in Sichtweite des Toubqāl erreicht. Zunächst geht es steil und recht eintönig bergauf entlang der Amzour-Felsen bis auf einen breiten Steinrücken in 2800 m Höhe.

43 links *Ein herrlicher Blumenteppich bedeckt das Iferd-n-Magous-Plateau auf dem vierten Abschnitt des Treks.*
Foto: Stefano Ardito

43 oben rechts *Nachdem die schwierigsten Passagen überwunden sind, geht es im Zickzack über einen Rücken auf den 3304 Meter hohen Sirwah-Gipfel.*
Foto: Stefano Ardito

43 Mitte *Nach einem steilen Stück erreicht man die charakteristischen Häuser von Azougha (1705 m), dem höchstgelegenen Dorf im Assif-n-Wamrane-Tal.*
Foto: Stefano Ardito

43 unten *Ti-n-Iddr (1684 m). In diesem Dorf aus Lehmgebäuden endet der Trek. Im Hintergrund liegt das Dorf Azougha.*
Foto: Stefano Ardito

Auf dessen anderer Seite führt ein steiniges Tal zum Fuß einer Gruppe recht schöner Felsentürme, die man in 2400 m Höhe auf einem Fahrweg umrundet. Nach 4 km erreicht man ein breites Tal, das zum Tizi Isdrim-Paß hin ansteigt (2850 m). Von dort fällt das Gelände zum grünen Tal Assif-n-Timighad ab, wo man in einer schönen, grasbewachsenen Senke (ca. 2500 m) gut campen kann.

4. TAG

vom Assif-n-Timighad-Tal nach Ti-n-Iddr
Höhenunterschied: Aufstieg 300 m, Abstieg 1110 m
Dauer: 5,5 Stunden

Das letzte Stück der Tour führt durch eine Reihe hübscher Dörfer. Zunächst geht es auf das sumpfige Plateau des Iferd-n-Magous, von wo man einen hervorragenden Ausblick auf die Westseite des Sirwah hat.

Von einem Paß zwischen Taiáda und Sirwah geht es über den Berg zu einem Felsenrücken (3029 m), von dem man nach rechts (westlich) zu einem Plateau zu Füßen des Talzouggaght hinabsteigt, in ein stark erodiertes und mit zahlreichen Felsnadeln durchzogenes Gebiet. Weiter geht es hinab in das weite Assif-n-Tizgui-Tal oberhalb der Dörfer des Assif-n-Wamrane und in steilen Kurven hinab nach Azougha (1705 m). Bald hinter dem Dorf wird Ti-n-Iddr erreicht (1684 m).

Die Gipfel des Hajjār und Tafdasat

In den „Dolomiten" der algerischen Sahara

44 links *Der traditionelle azurblaue chèch wird in einem komplizierten Ritual umgeknotet. Er gehört auch heute noch zur Tracht der algerischen Tuareg.*

44 rechts *Die scharfen Augen des Targi (Einzahl von Tuareg) suchen kritisch den Wüstenhorizont ab.*

45 *Ein Targi ist mit seinem Kamel in der Steinwüste am Fuß des Hajjār-Gebirges unterwegs.*
Fotos: Anne Conway

„Ein großer blauer Bus steht mitten auf einer Straße in Algier. Davor wartet vielleicht ein Dutzend Fahrgäste, die Haltestellen seiner unbekannten Fahrtroute zeigen schwarze Schriftzeichen." Am 2. April 1935 scheint hier, 2000 Kilometer von den Felsen entfernt, ein Abenteuer zu beginnen – Bergsteigen in der Sahara. Mit diesem Bus fuhren Kapitän Raymond Coche, Graf Chasseloup-Laubat und Roger Frison-Roche, ein Führer aus Chamonix und bekannter Bergsteiger-Autor.

Die Gruppe war unterwegs zum berühmtesten und am meisten gefürchteten Berg der Sahara, dem Garet El Djenoun (Qārat al Junun) im Tafdasat-Gebirge, ganz im Süden Algeriens. Für die Tuareg war er der „Berg der Geister", dem man nicht zu nahe kommen sollte. Zwei Wochen später bewältigten Frison-Roche und Coche bereits die letzten schwierigen Passagen: einen exponierten Kamin, ein Stück zerbröckelnden Felsens, ein schmales Gesims, wo wilde Oliven wuchsen. Dann erreichten sie das Plateau. „Wir navigieren mitten in Atlantis mit dem monströsesten Schiff, das unsere Phantasie erfinden konnte", schrieb Frison-Roche in seinem Tagebuch.

Mitten in der Sahara ganz im Süden Algeriens erheben sich die phantastischen Granitgipfel des Hajjār und des benachbarten Tafdasat, an denen sich bereits über sechzig Jahre lang Bergsteiger aus aller Welt versuchen. Mit ihren rauhen Felsen, schwindelerregenden Kämmen und vom Wüstenwind gerundeten Rissen stellen die Gipfel von Garet El Djenoun, Tahoulag, Saouinan und Tizouyadj attraktive Herausforderungen in einer der schönsten Umgebungen Afrikas und vielleicht der Welt dar.

Es gibt auch genug Gipfel, die ohne besondere Schwierigkeiten erreicht werden können, z. B. der Tahat, mit 2918 Metern der höchste algerische Berg. Es bestehen auch Gelegenheiten für Leute, die am liebsten mit einer Kamelkarawane auf einen Berg

46-47 Der von nicht weniger imposanten Gipfeln umgebene Garet-el-Djenoun (2327 m) ist der höchste Gipfel des Tafdasat-Gebietes und gleichzeitig einer der attraktivsten der Sahara.
Foto: B. Drera/K3

ziehen. Auf diese Weise kann sogar der Kurzbesucher das Gefühl nachempfinden, das die Händler seit Jahrtausenden beim Durchqueren der größen Wüste der Erde haben. Im Tafdasat führen andere Wege über Felsen zu Stätten mit prähistorischen Höhlenzeichnungen, die denen des Tassili recht ähnlich sehen. Die interessanteste Stelle, Mertoutek, wurde 1935 von Roger Frison-Roche entdeckt. Sie liegt nur wenige Kilometer nördlich eines Dorfes mit demselben Namen. Weitere Zeichnungen können besichtigt werden bei Tan Tfeltasin, Tankobrane, Tan Ainesnis und Ouan Tanout. Der Trek zu den interessantesten Stellen vorstellen kann. Die Felsformationen zu meinen Füßen sind nicht in Worte zu fassen: sie sind ein Wunder. Es ist unmöglich, sie zu sehen und dabei nicht an Gott zu denken", schrieb er in seiner Einsiedelei, wo er 1916 von aufständischen Libyern getötet wurde.

In den letzten sechzig Jahren wurde dieses Gebiet von Algerien – insbesondere der Hajjār, das spektakulärste und von Tamanrāsat am einfachsten zu erreichende Gebirge – ein beliebtes Ziel für Europäer, die die faszinierende Atmosphäre der Wüste kennenlernen wollten. Besonders attraktiv ist die Atakor-Kette, die einige besonders schöne Gipfel

des Tafdasat dauert zwei oder drei Tage. Schon lange bevor Archäologen und Bergsteiger diese Felsen besuchten, hatte ein ungewöhnlicher Europäer in diesem Gebiet gelebt. Der 1858 in Straßburg geborene Charles-Eugène de Foucauld besuchte die Sahara 1883/84 im Rahmen einer Militärexpedition. Nachdem er die Armee verlassen hatte, entschied er sich 1905, Eremit zu werden, und baute sich eine Klause auf dem Assekrem. „Die Aussicht ist herrlicher, als man sich umfaßt. Der benachbarte Tassili – die siebenhundert Kilometer zwischen Tamanrāsat und Djanet sind in der Sahara keine Entfernung! – ist durch die seit Anfang 1992 ausgebrochenen Unruhen bei aller Schönheit für Besucher derzeit nicht zugänglich.

Doch nicht nur Felsen und Sanddünen sind in diesem bemerkenswerten Land von Interesse. In der Nähe von Tamanrāsat können die Lager der Tuareg (Einzahl von Tuareg = Targi) besucht werden, eines der ungewöhnlichsten und faszinierendsten Völker in Afrika. Um das Jahr 1000 konvertierte dieses Nomadenvolk zum Islam; es spricht eine Berbersprache, das Tamahaq. Ihre Kleidung, ihr Stolz und ihre Mentalität, die sich über mehr als tausend Jahre erhalten haben, vermitteln einen tiefen Eindruck von diesem harten Lebensraum inmitten der Wüste.

46 *Ein Wanderer unterwegs durch die Sanddünen zu den runden Felsen von Tesnou.*
Foto: Mario Verin

47 *Ein Targi hackt Feuerholz bei einem Dorf im Hajjār-Gebirge.*
Foto: Anne Conway

Nützliche Informationen

Dauer: verschiedene Tageswanderungen von insgesamt 7-10 Tagen
Höhe: 1395 m (Tamanrāsat)-2918 m (Tahat)
Zeit: Das ganze Jahr über, doch am besten in den Übergangszeiten. Im Sommer ist es extrem heiß, und im Winter können die Temperaturen bis -10 °C fallen.
Formalitäten: Für Algerien besteht Visumpflicht. Für das Trekking ist keine spezielle Erlaubnis nötig. Aufgrund der unstabilen Lage sollte man sich beim Auswärtigen Amt über das Reiserisiko informieren.
Schwierigkeitsgrad: Bei den Bergbesteigungen sollten Unerfahrene von einem Führer begleitet und gesichert werden. Im Hajjār und Tafdasat gibt es eine Reihe leicht erreichbarer, kleinerer Gipfel wie z. B. der Assekrem (2728 m), der von der Assekrem-Schutzhütte und De Foucaulds Einsiedelei leicht zu erreichen ist.
Kondition: durchschnittlich für die Tafdasat-Gipfel, etwas weniger für den Hajjār
Ausrüstung: Für die beschriebenen Gipfel ist Bergsteigerausrüstung mit Seilen, Gurten, Karabinern, Keilen, Helm und Abseilsicherung nützlich.
Anreise: Tamanrāsat (1395 m), die Stadt zu Füßen des Gebirges und wichtiges Zentrum für Südalgerien, ist täglich per Flugzeug von Algier zu erreichen. Der Landweg beträgt 1920 km von Algier und 2400 km von Tunis. Von Tamanrāsat aus führt eine 185 km lange Piste um die Atakor-Kette. Auf etwa dem halben Weg liegt der Col de l'Assakrem. Mertoutek, das Dorf zu Füßen des Tafdasat, wird über die Hauptstraße nordwärts in Richtung In Salah erreicht, von der man bei Im Amguel nach rechts auf eine Piste abbiegt (230 km von Tamanrāsat bis Mertoutek).
Führer und Träger: Innerhalb des Hajjār-Nationalparks ist die Begleitung eines Führers Pflicht – auch wenn von diesem keine Bergsteigererfahrung zu erwarten ist! Das Gepäck wird in beiden Gebirgen von Dromedaren oder Maultieren getragen.

48 oben Besser noch als ein Fahrzeug mit Vierradantrieb sind im Hajjār-Gebirge Dromedare, die die Vorräte und das Gepäck der Trekker tragen.
Foto: Didier Givois

48 unten Solche bizarren Felsformationen machen die Sahara zu einem riesigen geologischen Freilichtmuseum. Hier sind Basaltfelsen zu sehen, die der Wind auf dem Amezzouroug, einem attraktiven Gipfel im Hajjār-Gebirge, übriggelassen hat.
Foto: Anne Conway

Umwege und Gipfel: Im Hajjār und Tafdasat können zahlreiche weitere Gipfel (einschließlich Hadriane, Hamame und natürlich Assekrem) ohne größere Schwierigkeiten erreicht werden. Es gibt Hunderte Bergsteigertouren. Der Weg von Tamanrāsat bis zum Fuß des Assekrem ist viel begangen, jedoch von relativ geringem Interesse. Dauer 5-6 Tage. Es gibt zahlreiche Treks im Tafdasat-Gebiet, wo man auf Höhlenmalereien, ähnlich wie im Tassili, stoßen kann.
Notfälle: Bei einem Unfall muß man es bis zu den Fahrwegen selbst zurückschaffen. Von dort ist der Transport nach Tamanrāsat kein Problem.
Karten: Die beschriebenen Wege sind eingezeichnet in den Blättern *Assekrem, Garet El Djenoun* und *I-n-Ekker* der *Carte du Sahara* (1:200 000) des *Insitut Algérien de Cartographie.*

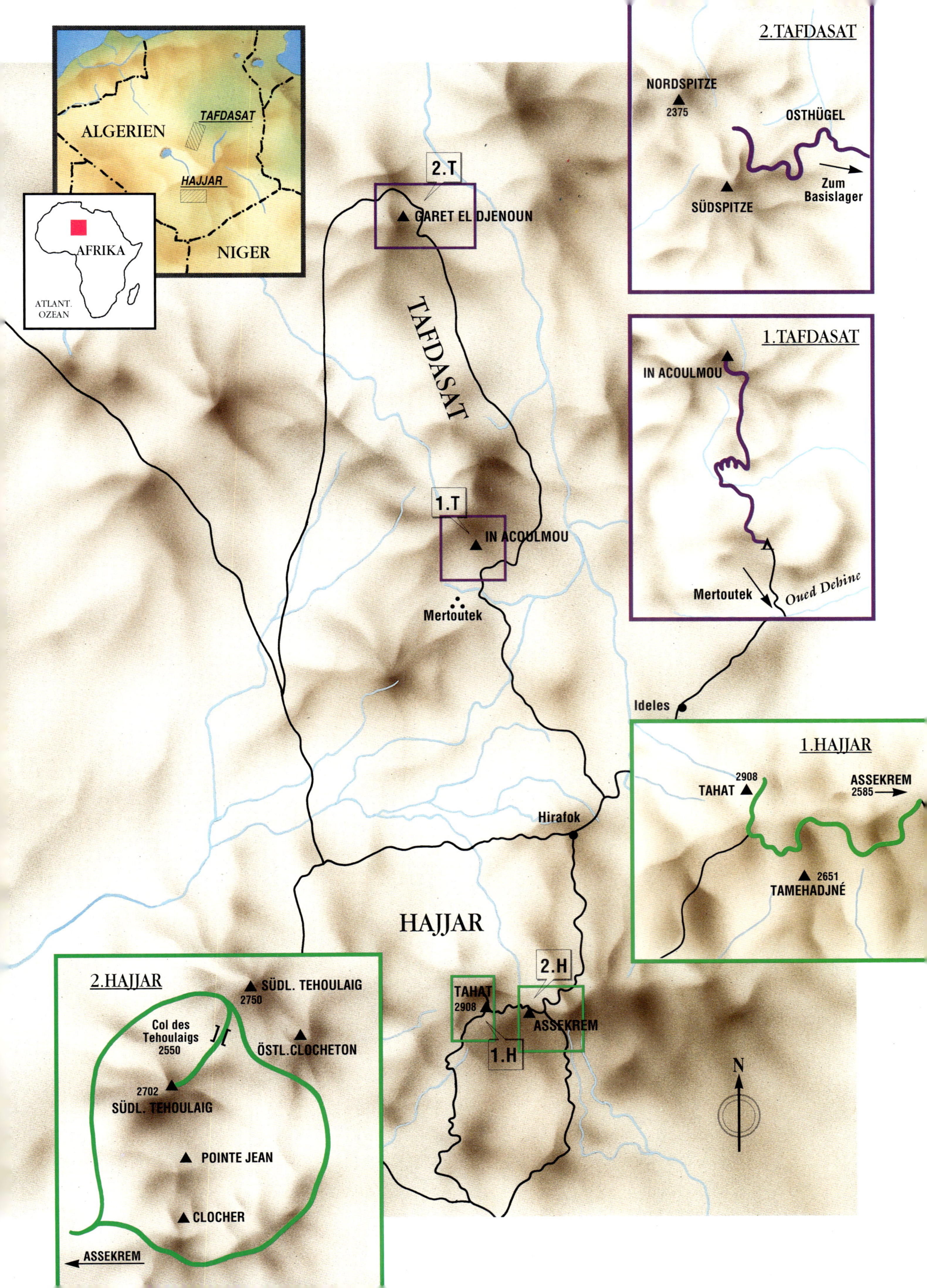
ALGERIEN
TAFDASAT
HAJJAR
NIGER
AFRIKA
ATLANT. OZEAN
2.TAFDASAT
NORDSPITZE
2375
OSTHÜGEL
SÜDSPITZE
Zum Basislager
1.TAFDASAT
IN ACOULMOU
Mertoutek
Oued Debine
2.T
GARET EL DJENOUN
TAFDASAT
1.T
IN ACOULMOU
Mertoutek
Ideles
1.HAJJAR
2908
TAHAT
ASSEKREM
2585
2651
TAMEHADJNÉ
Hirafok
HAJJAR
2.HAJJAR
SÜDL. TEHOULAIG
2750
Col des Tehoulaigs
2550
ÖSTL. CLOCHETON
2702
SÜDL. TEHOULAIG
POINTE JEAN
CLOCHER
ASSEKREM
2.H
TAHAT
2908
ASSEKREM
1.H
N

AL HAJJĀR

50 Vom 2585 Meter hohen Gipfel des Assekrem hat man eine phantastische Aussicht über den gesamten Hajjār. Foto: Vincenzo Martegani

1. TAG
vom Assekrem-Weg zum Tahat
Höhenunterschied: 750 m
Dauer: 7 Stunden

Der leicht erreichbare Gipfel des Tahat (2918 m) ist der höchste algerische Berg und bietet eine herrliche Aussicht. Wegen seiner eher uninteressanten Felsen ist er für den Bergsteiger nicht so attraktiv wie andere Gipfel in diesem Gebiet. Doch dafür ist er jedem zugänglich und bietet Aussichten auf den Atakor, die unendliche Wüste im Norden und die Silhouette des Tafdasat. Vom Col de l'Assekrem geht es über einen Weg nach Westen. Es gibt zwei Weggabelungen in 10 und 15 km Entfernung, deren nördliche Abzweigungen zum Tahat durch eine an prähistorischen Stätten reiche Gegend führen. Diese Wege hören in etwa 2300 m Höhe auf, von wo aus man den deutlich sichtbaren Tahat ansteuert, wobei es mit leichteren Klettereien über seine breite Südseite hinauf geht. Bis zum Gipfel dauert es etwa 4 Stunden, etwa 3 Stunden beim Abstieg bis zum Fahrzeug.

2. TAG
vom Assekrem-Weg zum Südlichen Tehoulaig
Höhenunterschied: 350-500 m
Dauer: 3-4 Stunden

Mit seinen herrlichen Orgelpfeifenähnlichen Wänden, scharfen Kämmen und Schichten vulkanischen Gesteins ist der Tehoulaig-Gipfel einer der schönsten und beliebtesten der Atakor-Kette und des gesamten Hajjār. Der nahe beim Assekrem-Weg liegende Berg besitzt zwei Gipfel, den nördlichen mit 2750 m und den südlichen mit 2702 m Höhe, und ist von zahlreichen Nebengipfeln umgeben. Alle Routen auf den Nordgipfel haben mindestens den IV. Schwierigkeitsgrad, doch ist der Südgipfel mit Passagen im I. und II. Schwierigkeitsgrad für die meisten zugänglich. Die beschriebene Route weist keine besonderen Schwierigkeiten auf. Vom Col de l'Assekrem geht es 6 km weit bis zum Anfang des Weges nach Hirhafok und Ideläs. Etwas weiter kann man das Fahrzeug abstellen (2337 m) und die imposanten Wände des Bergmassivs angehen. Sobald man den Fuß der spektakulären Nordwestseite des

51 links *Der Sonnenuntergang über dem Hajjār-Gebirge, vom Assekrem aus beobachtet, ist einer der herrlichsten Anblicke in den afrikanischen Bergen.*
Foto: Anne Conway

51 oben rechts *Eine Kamelkarawane auf dem Weg zum Assekrem und zur Foucauld-Einsiedelei.*
Foto: Gudrun Bergdahl/Agentur Freestyle

51 Mitte rechts *Ansammlung von Felstürmen und -nadeln auf dem Weg auf den Assekrem im Zentrum des Hajjār.*
Foto: Vincenzo Martegani

51 unten rechts *Auf der Ilamane-Route geht es nicht ohne Seile. Der Weg wurde erstmals 1935 von den Schweizern Hermann Bossard und Walter Hauser begangen.*
Foto: Gudrun Bergdahl/Agentur Freestyle

Südlichen Tehoulaig erreicht – des schönsten Gipfels des gesamten Hajjār –, diese umrunden und auf den Col des Tehoulaigs (2550 m) steigen. Hier beginnt der schöne und leichte Nordostrücken des Südlichen Tehoulaig, dem man über Felsen und Kamine (I. und II. Grad) auf den 2702 m hohen Gipfel folgt. Beim Abstieg geht es von dem Paß in südöstlicher Richtung, vorbei am Fuß des Nördlichen Tehoulaig und des Östlichen Clocheton, bevor man rechts abbiegt und an einem Felsrücken vorbei zum Ausgangspunkt zurückkommt. Die Rundtour dauert 3 Stunden, der Abstecher auf den Gipfel weitere 1,5 Stunden. Es ist auch möglich, den Nördlichen Tehoulaig ganz zu umrunden (1 Stunde zusätzlich).

Tafdasat

52 links *Dieser Abschnitt (Schwierigkeitsgrad II) beim Aufstieg auf den In Acoulmou ist der interessanteste Teil – aber Vorsicht beim Abstieg!*
Foto: Mario Verin

52 oben rechts *Ein Wanderer geht über den natürlichen Bogen nahe beim Gipfel des In Acoulmou.*
Foto: Mario Verin

52 Mitte rechts *Flache Granitplatten, die vom Wüstenwind geschliffen wurden, sind eine der einfachen Passagen beim Aufstieg auf den In Acoulmou.*
Foto: Mario Verin

52 unten *Ein kritischer Blick auf den In Acoulmou zeigt, daß man ihn am einfachsten im Zickzack besteigt – wie auch viele andere Gipfel in der Sahara.*
Foto: Mario Verin

53 *Dieses Gesims ermöglicht den Aufstieg auf den 2336 Meter hohen In Acoulmou, einen der beliebtesten und elegantesten Gipfel im Tafdasat-Gebiet.*
Foto: Mario Verin

1. TAG
vom Oued Dehine zum In Acoulmou und zurück
Höhenunterschied: 600 m
Dauer: 8 Stunden

Mit seinen imposanten horizontalen Granitschichten ist der In Acoulmou einer der interessantesten und spektakulärsten Gipfel des Tafdasat-Gebirges. Er bereitet zwar keine techni-

schen Schwierigkeiten, erfordert jedoch Vorsicht bei den steilen Felsen – hier ist eine Seilsicherung anzuraten. Von Mertoutek geht man zunächst zum Oued Dehine, überquert ihn und verfolgt ein nach Norden führendes weites Tal. Dort am Fuß übernachten; am nächsten Morgen geht es durch das Tal und hinauf zu einem Paß. Auf dessen anderer Seite führt der Weg hinab zu einem breiten Rücken, hinter dem man über leichten Felsen wieder hinaufklettert. Links geht es über eine weite Fläche zu einem Plateau am Fuß des Gipfels und zu einem engen Gesims. Hier muß ein Turm umrundet werden, bevor es entlang exponierter Felsen zum Gipfel geht (2336 m).

__54-55__ In der Nähe des Dorfes Mertoutek befinden sich zahlreiche Felsen mit Malereien.

__54 unten links__ Ein Trekker am Fuß der steilen Felsschlucht, durch die der Aufstieg auf den Hauptweg zum Garet-el-Djenoun (2375 m) erfolgt.

__54 unten rechts__ Der Hauptweg auf den Garet-el-Djenoun verläuft über zahlreiche Granitplatten, die Vorsicht und sicheren Tritt erfordern.
Fotos: Mario Verin

2. TAG

vom Oued Ti-n-Ekker zum Garet El Djenoun und zurück
Höhenunterschied: 800 m
Dauer: 12 Stunden

Diese Tour ist durch die Bücher von Roger Frison-Roche bekannt und mittlerweile Tradition im Tafdasat und der ganzen Sahara. Der Weg ist lang und mühsam, so daß man ein Zwischenlager einrichten sollte (Wasser muß mitgenommen werden). Von Mertoutek folgt man zunächst dem Oued Dehine bis zum Fuß des Bergmassivs, bevor man entlang des Oued Ti-n-Ekker soweit wie möglich hinaufklettert. Früh am nächsten Morgen geht es ein länge-

55 oben *Der spektakuläre, 2327 Meter hohe Garet-el-Djenoun thront über den Wadis des Tafdasat. Foto: B. Brera/K3*

res Stück weiter entlang des Oued. Eine steile, aber unkomplizierte Schlucht von Felsblöcken führt zum Osthügel und zum Beginn der Klettertour. Etwa 120 Meter über Felsen und Spalten (II. und III. Schwierigkeitsgrad) geht es zu einem schmalen Gesims, dem man nach links folgt. Hinter der „Mufflon-Passage" klettert man über den Südhang bis zu einer großen Lichtung oben. Der höchste Punkt (2327 m) liegt nach Norden. Beim Abstieg muß man sich am Zwillingsseil abseilen. Wer diese Kletterei scheut, kann beim Hügel umkehren. Die Tour um den Berg herum dauert lang, ist aber sehr schön.

55 Mitte *Die ungefähr 400 Meter hohe Westseite ist der schwierigste, aber auch eleganteste Zugang zum Garet-el-Djenoun. Sie ist eine der anspruchsvollsten Kletterrouten der Sahara. Foto: Gudrun Bergdahl/Agentur Freestyle*

55 unten *Ein Bergsteiger kurz vor dem Gesims und der „Mufflon-Passage" (Schwierigkeitsgrad II-III) auf den Garet-el-Djenoun. Foto: Mario Verin*

Die Tassili-Hochebene

Den „Louvre der Sahara" entdecken

Hochebene von Tassili-n-Ajjer (Murtaf'āt Tāsīlī), Winter 1933. An der Spitze einer Dromedarkarawane von Fort Gardel, dem heutigen Djanet, wagte sich Leutnant Brenans in die phantastischen Felstürme, Felsüberhänge und tiefen Canyons dieser Gegend. Mit der Zeit entdeckten die Männer ein wahres Freilichtmuseum. In der Gegend um Tarmrit, Jabbaren und Sèfar liegen Hunderte von Höhlen, Abgründe und Felskammern mit Zeichnungen von bemerkenswerter Schönheit, die sich in dem trockenen Wüstenklima perfekt erhalten haben.

Seit Anfang des Jahrhunderts haben Erforscher in der libyschen, marokkanischen und algerischen Sahara Dutzende solcher Gebiete mit Felsenzeichnungen entdeckt. Doch schnell merkten sie, daß der Tassili etwas anderes war. Die Zahl der Zeichnungen war weitaus größer, und unter ihnen gab es welche von außerordentlicher Schönheit mit Darstellungen von Vieh, Pferden, Antilopen und Menschen. 23 Jahre nach Brenans entdeckte der Anthropologe Henri Lhoté auf einer 16monatigen Expedition die letzten dieser Bilder des „Louvre der Sahara".

„Die Tassili-Zeichnungen sind ein authentisches Archiv und vermitteln ein klares Bild von der frühen Sahara-Bevölkerung, von den Hirten und von den fremden Einflüssen", schrieb Lhoté zwei Jahre später in seinem Werk *Alla scoperta del Tassili* (Über die Entdeckung des Tassili). „Hierdurch können wir die Evolution der Fauna verfolgen und somit das Klima und die Phasen der allmählichen Austrocknung, die die heutige Wüste schuf."

Die Zeichnungen sind etwa 10 000 Jahre alt und somit erheblich jünger als die europäischen Höhlenmalereien (ca. 32 000-14 000 Jahre alt). Doch sie umfassen eine lange Abfolge von Stilen, Themen und Gegenständen. Die erste Phase (bis 4500 v. Chr.), auch als „Zeit der Rundköpfe" bekannt, zeigt meist anthropomorphe Figuren in Begleitung von Büffeln und anderen Tieren wie Elefanten, Flußpferden und Nashörnern. Dies deutet auf eine Jägergesellschaft hin. Es folgt die Vieh-Periode (4000-1500 v. Chr.) mit Motiven von Viehzüchtern. Ihre *Bos Brachicerus-* und *Bos Africanus*-Herden ähneln denen von Oberägypten aus jener Zeit. Es gibt Zeichnungen von wilden Tieren, Darstellungen des Familienlebens und der Feldarbeit, die an viele heutige afrikanische ethnische Gruppen wie die Peuls, die Hirten des Sahel, erinnern.

Um 1200 v. Chr. wurden die Hirten aus dem Tassili von einem anderen Volk vertrieben, das Karren und Pferde benutzte. Die Zeichnungen der „Pferde-Periode" zeigen schon eine trockenere Landschaft, aus der Flußpferde und Elefanten verschwunden sind. Zusammen mit den herrlichen galoppierenden Pferden sind Krieger mit Speeren und Schilden dargestellt, die vermutlich mit Lederrüstungen bekleidet waren. Von einigen Experten wurde die interessante Theorie aufgestellt, daß es sich um die Seeleute aus der ägyptischen Tradition handelt, um die Libyer und Kreter, die 1280 v. Chr. gegen Ramses III. kämpften, und um die von Herodot erwähnten Garamanten.

Die letzte Phase, die „Kamel-Periode", datiert bis ins christliche Zeitalter. Die Anzeigen der Trockenheit sind ausgeprägt, das Kamel ist der auffälligste Hinweis. Es wird ein Volk dargestellt, das den heutigen Tuareg recht ähnlich sieht.

56 *Diese große Zeichnung, die einen Gott darstellt, ist eine der berühmtesten des Tassili-Gebirges. Sie entstand zur Zeit der Rundköpfe (ca. 4500 v. Chr.), als menschliche Figuren das Hauptmotiv bildeten.*
Foto: Anne Conway

56-57 *Die Landschaft des Tassili-n-Ajjer ist mit ihren spektakulären Felstürmen eine der interessantesten der Sahara.*
Foto: Mauro Burzio

57 *Die Sefar-Zeichnungen stellen Schaf- und Ziegenherden dar. Sie entstanden um 2000 v. Chr.*
Foto: Anne Conway

58-59 *Nur wenige Minuten vom Camp Tamrit liegt dieses malerische Felsental mit seinen uralten Zypressen.*
Foto: Anne Conway

Heute streifen mehr Trekker als Gelehrte durch den Tassili-n-Ajjer. Dieses 800 Kilometer lange und 50 bis 60 Kilometer breite Plateau ist sicher das interessanteste Reiseziel in der Sahara. Man muß es zu Fuß entdecken. Der beschriebene Weg ist relativ kurz und nicht allzu anstrengend und daher einer der beliebtesten.
Ausgangspunkt ist die Wüstenstadt Djanet, die „Perle des Tassili", umgeben von Felsenmassiven und weiten Palmenhainen. Sie umfaßt die Dörfer El Mihan, Adjahi, Azzelouaz und Tin Khatama und verfügt über einen Flugplatz, ein Hotel, einen Markt und ein türkisches Bad (Hamman), das nach der Tour ganz besonders zu einem Besuch einlädt. Der im allgemeinen vier oder fünf Tage dauernde Trek mit Führer vermittelt eine ganze Reihe außergewöhnlicher Eindrücke. Die tiefen Canyons am Rande des Plateaus, das Labyrinth der Schluchten, Felstürme und Höhlen bilden eine unglaubliche, phantastische Landschaft. Hier ist die Begleitung eines Tuareg-Führers unbedingt nötig – man würde sich unweigerlich verirren. In dieser reinen Felswüste ist der Anblick uralter Zypressen (*Cupressus dupreziana*, von den Tuareg Tarout genannt) in der Felsenschlucht bei Tamrit ein Erlebnis. Doch das größte Erlebnis bilden die Felszeichnungen; selbst bei einer kleineren Tour wird man Hunderte sehen. Die herrlichsten sind die mit den pferdeähnlichen Antilopen von Tamrit, mit den Bogenschützen von Tin Tazarift, die Familienszenen, der große Büffel und der „Gott der Verehrer" von Sèfar sowie die charakteristischen Figuren von Tam Zoumaitek. Nach der Rückkehr ins Tal sollte dann noch Zeit für Ausflüge zu den Zeichnungen von Oued Djerat, die Felsenformationen von Jabbaren (zwei Tagesmärsche von Sèfar) und die Sanddünen des Erg d'Admer bleiben.

Nützliche Informationen

Dauer: 4 Tage
Höhe: 1100-2800 m
Zeit: Das ganze Jahr über, am besten jedoch in den Übergangsjahreszeiten. Der Sommer ist extrem heiß, im Winter können die Temperaturen bis –10 °C fallen.
Formalitäten: Visumpflicht für Algerien. Für das Trekking keine spezielle Erlaubnis.
Schwierigkeitsgrad: Gelegentliches Klettern (Grad I) beim Aufstieg auf das Plateau.
Kondition: durchschnittlich
Ausrüstung: normale Trekking-Ausrüstung
Anreise: Djanet (1100 m) liegt am Fuß des Tassili und kann mit dem Flugzeug von Algier erreicht werden. Die Landstrecke beträgt 2250 Kilometer von Algier und 2350 Kilometer von Tunis. Von Djanet führt ein etwa 15 Kilometer langer Fahrweg zum Plateau in 1300 m Höhe.
Führer und Träger: Die Begleitung eines Führers ist Vorschrift. Viele Agenturen in Djanet organisieren solche Treks. Das Gepäck wird von Eseln oder Dromedaren getragen.
Umwege und Gipfel: Ein zusätzlicher Tag in Sèfar ist sehr empfehlenswert, um die Felszeichnungen in Ruhe anschauen zu können. Vom Plateau kann man die Tour ostwärts nach Jabbaren fortsetzen, einem weiteren Ort für an dieser Kunst Interessierte. Es gibt keine Gipfel von besonderem Interesse. Doch bilden die zahlreichen Felsentürme des Tassili ein reiches Betätigungsfeld für Kletterer.
Notfälle: Aufgrund der kurzen Distanzen und der Tragetiere können Verletzte relativ problemlos zurückgebracht werden.
Karten: existieren nicht!

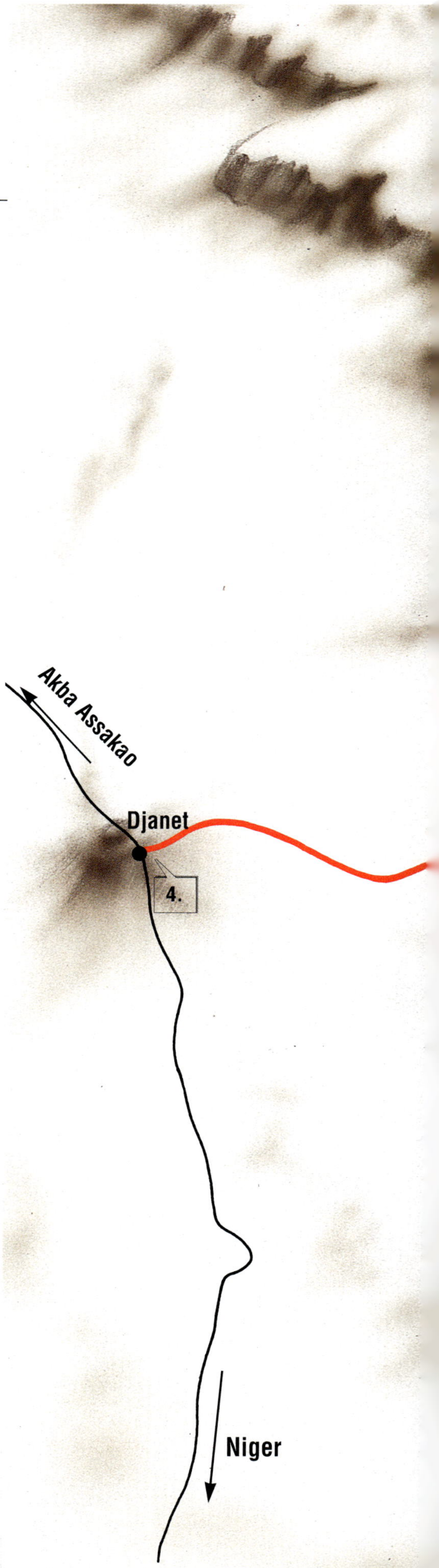

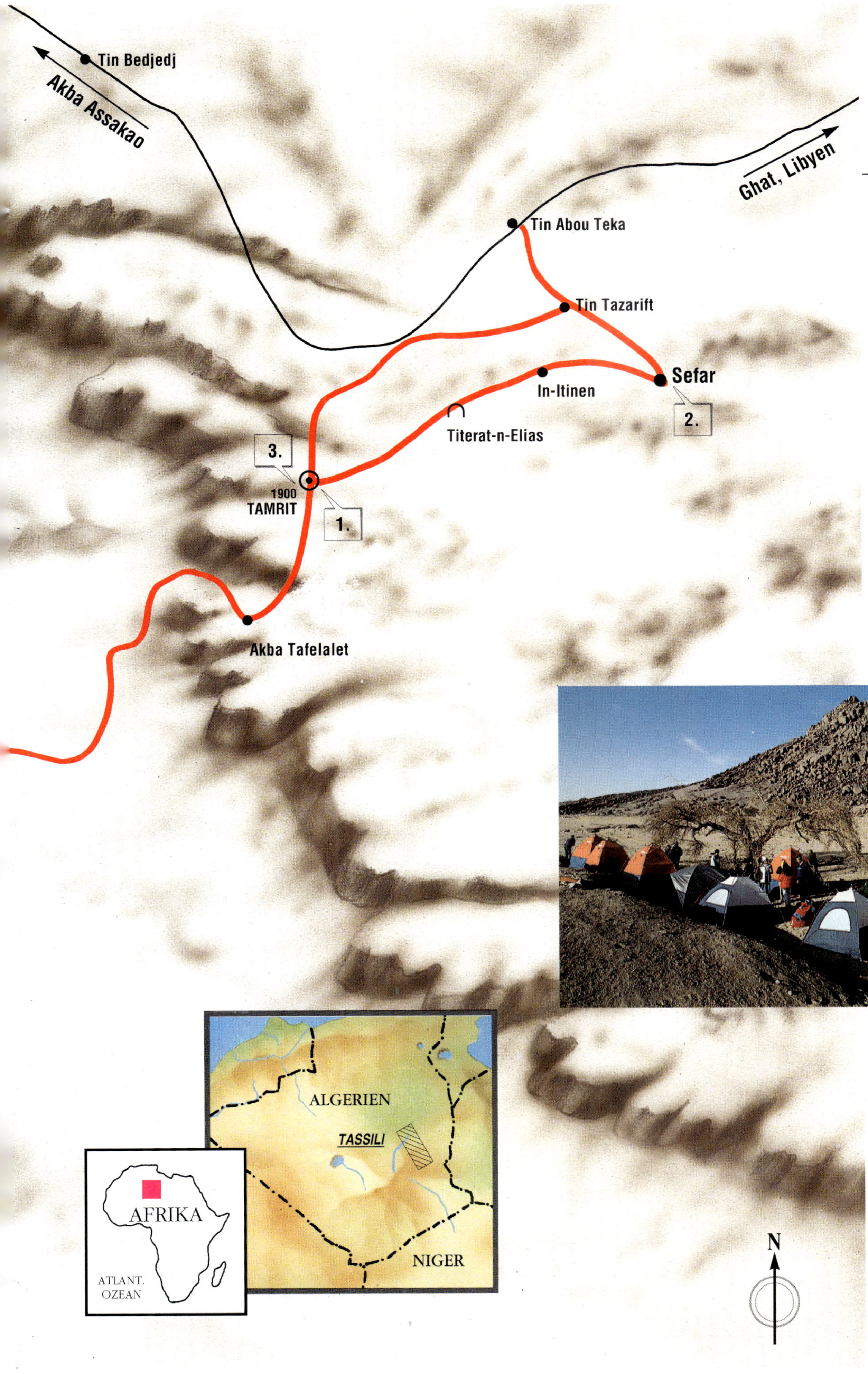

__60__ Eine Tuareg-Frau beim Teekochen in der Wüste bei Djanet.
Foto: Anne Conway

__61__ Das Sandbett eines kleinen Wadis ist ein ausgezeichneter Lagerplatz auf dem Weg zum Tiska-Gipfel am Rande des Erg d'Admer.
Foto: Stefano Ardito

62 oben *Dieses herrliche Basrelief, das Ochsen am Wasser darstellt, ist bei Terarart, wenige Kilometer von Djanet, zu finden. Foto: Anne Conway*

1. TAG
von Djanet nach Tamrit
Höhenunterschied: 700 m beim Aufstieg, 50 m beim Abstieg
Dauer: 4 Stunden

Der erste Tag dieses Treks führt durch herrliche Landschaft. Nach einem eher eintönigen Start kommt man in eine Sandsenke mit einem herrlichen natürlichen Bogen und betritt dann den spektakulären, tiefen Canyon von Akba Tafelalet. Diesen verläßt man nach Norden über leichte Kletterstellen. Am Rand des Plateaus ändert sich die Landschaft. Weiter geht es über das unwirtliche, aber eindrucksvolle Plateau zum Camp von Tamrit (1900 m). Dort sollte man die uralten Zypressen und die Zeichnungen von Jägern nicht unbeachtet lassen.

62 Mitte *Ein leichter, flacher Weg führt durch die Steinwüste zwischen dem Camp Tamrit und dem Rand des tiefen Akba Tafelalet-Canyons. Foto: Stefano Ardito*

62 unten *Wenige Minuten von Tamrit entfernt verläuft der Weg nach Tin Abou Teka und Tan Zoumaitek an einem herrlichen natürlichen Bogen vorbei. Foto: Marco Majrani*

62-63 *Die Gegend um Djanet ist voll von bizarren Felsformationen, die der Wind erodiert hat. Foto: Anne Conway*

63 unten links *Die Quellen bei den Zypressen von Tassili bieten schon seit Jahrtausenden Wasser für die Tiere. Foto: Anne Conway*

63 unten rechts *Eine Gruppe von Trekkern durchquert das malerische Felsental mit den Tassili-Zypressen. Foto: Stefano Ardito*

2. TAG
von Tamrit nach Sèfar
Höhenunterschied: 200 m Aufstieg, 150 m Abstieg
Dauer: 4 Stunden

Dieses recht kurze und fast ebene Stück führt ins Zentrum des Tassili. Zunächst durch die vielen Felsentürme und Felsformationen zu den Höhlen von Titerat-n-Elias, wo sich die ältesten Ansiedlungen auf dem

Plateau befanden. Weiter geht es zum In-Itinen mit Zeichnungen aus der Vieh-Periode. Das nächste Ziel ist Sèfar, wo man inmitten von Felsschluchten mit prähistorischen Stätten campieren kann. Ausflüge um Sèfar sind noch am selben Nachmittag und am nächsten Morgen möglich; wer mehr Zeit hat, sollte einen zusätzlichen Tag einplanen. Auf keinen Fall sollte man sich die Zeichnungen des „Gottes der Verehrer" und die „kleinen Mufflons" entgehen lassen.

64 links *Bei Sèfar ragen Sandstein-Türme mit Schluchten aus dem Tassili-Plateau.*
Foto: Stefano Ardito

64 oben rechts
Sonnenuntergang in der Nähe des Sèfar-Tals – einer der herrlichsten Anblicke im Tassili-Gebirge und vielleicht der ganzen Sahara.
Foto: Stefano Ardito

64 Mitte rechts
Ein Tuareg-Führer erklärt die Geschichte und die Geheimnisse von Höhlenmalereien bei Sèfar.
Foto: Anne Conway

64 unten rechts
Nur wenige Minuten von Sèfar entfernt befindet sich diese herrliche Zeichnung eines Büffels, eine der berühmtesten des Tassili.
Foto: Anne Conway

3. TAG
von Sèfar nach Tamrit
Höhenunterschied: 250 m Aufstieg, 300 m Abstieg
Dauer: 4,5 Stunden

Der Rückweg nach Tamrit ist landschaftlich noch reizvoller – durch das Felsenmassiv von Tin Tazarift mit vielen Felszeichnungen, die Felsen von Abou Teka (1600 m) mit einem tiefen Canyon und der großen Zeichnung von Tan Zoumaitek, die sechs verschiedene Epochen umfaßt. Tamrit wird durch einen herrlichen, mit Zypressen bestandenen Canyon erreicht, von denen einige einen Durchmesser von zwei Metern haben.

4. TAG
von Tamrit nach Djanet
Höhenunterschied: 100 m Aufstieg, 500 m Abstieg
Dauer: 3,5 Stunden

Auch die Rückkehr ins Tal verläuft anders als der Hinweg – über den Weg, den die Lasttiere auch auf dem Hinweg genommen haben. Zunächst gelangt man an den Rand des Plateaus (etwas nördlich der Stelle des Hinwegs) und betritt dann einen weiteren herrlichen Canyon, bis man wieder die große Sandsenke vom Hinweg erreicht. Neben dem Bogen stößt man dann auf den Hinweg, dem man zurück zum Fahrweg folgt.

65 oben *Zwischen Tamrit und Sèfar verläuft der Tassili-Weg durch zahlreiche Sandmulden inmitten von Felsformationen, die der Wind erodiert hat. Foto: Anne Conway*

65 Mitte oben *Trekker vor dem charakteristischsten Felsbogen von Tin Tazarift. Foto: Stefano Ardito*

65 Mitte unten *Bei den Treks über das Tassili-Plateau tragen Esel das Gepäck, da Kamele in dieser felsigen Landschaft Trittschwierigkeiten hätten. Foto: Anne Conway*

65 unten *Eine Gruppe Trekker unterwegs auf dem steilen, steinigen Weg von Tamrit hinunter in den Akba Tafelalet-Canyon. Foto: Anne Conway*

65 rechts *Die Felsnadeln und Bögen des Felsmassivs Tin Tazarift auf dem Rückweg von Sèfar nach Tamrit sind einer der schönsten Abschnitte. Foto: Stefano Ardito*

Die Felsen der Dogon

Ein Zusammentreffen mit einem der faszinierendsten Völker Afrikas

Mitten in der unwirtlichen Sahel-Zone überragt die Bandiagara-Felsenkette die Hütten und Dörfer eines der außergewöhnlichsten Völker in Afrika. Drei verschiedene ethnische Gruppen, die Humberè im Flachland, die Gondo im Osten und die Tombo um den Bandiagara, bilden das nicht einmal 300 000 Angehörige große Volk der Dogon; sie wurden irgendwann im Mittelalter aus dem Norden hierher vertrieben. Sie sind zwar Muslime, hängen aber im Grunde mehr einem alten animistischen Glauben an, der reich an symbolischen Bedeutungen ist. Alle ihre Dörfer liegen um einen zentralen *Togu Na*, das „Haus der Menschen", der mit eleganten und typischen Paneelen mit Holzeinlegearbeiten verziert ist. Alle Häuser haben sonst unübliche kegelförmige Ställe und herrliche geschnitzte Türschlösser. Im Zentrum des Dogon-Reiches verläuft die Mauer des „sich erhebenden Bodens". Die dreihundert Meter hohe und zweihundert Kilometer lange Felsenmauer des Bandiagara durchschneidet die Ebene quer – als wäre sie ein Schutzwall für die Dörfer zu ihren Füßen.

Weit oben, oberhalb der Häuser und Ställe der Dörfer Ireli, Teli, Tireli und anderer Siedlungen, beherbergt die Felsenmauer Werke der Tellem, des geheimnisvollen Volkes, das diese Gegend vor den Dogon besiedelte und vermutlich von ihnen vertrieben wurde. Die Terrassen und Höhlen dieser mächtigen Mauer wurden jahrhundertelang von allen Völkern dieser Region als Begräbnisstätten benutzt; Fremde haben daher hier keinen Zutritt.

Vogeljäger, Eier- und Guanosammler und der Totengräber besteigen diese Felsenmauer mit Hilfe von Seilen aus Baobab-Rinde und Holzhaken, die in den Löchern und Rissen im Fels befestigt werden. Selbst der geübteste Bergsteiger bekommt bei diesem Anblick eine Gänsehaut.

Der französische Anthropologe Marcel Griaule erforschte 1931 die Traditionen und die komplexe Kosmogonie der Dogon und berichtete darüber. Er erreichte die Felsenmauer auf einer zweijährigen Expedition von Dakar nach Djibouti. Er unterhielt sich 33 Tage lang mit Ogotemmeli, einem blinden Jäger aus dem Dorf Ogol, der ihm die Geheimnisse der Dogon-Welt erklärte. Griaule schrieb hierüber ein bemerkenswertes Buch. Einige der interessantesten Aspekte der Dogon-Zivilisation sind ihre Auffassung vom Universum, das sich über 14 Sonnensysteme erstreckt, ihre feinen Holzmasken, die sie bei Tänzen und Feiern benutzen, ihre Dorfarchitektur, ihre Begräbnisriten und natürlich ihre großen Feiertage:

66 *Von der Dogon Falaise aus gesehen erscheinen die Dörfer noch hübscher.*

67 *Schmale Gesimse und wacklige Holzleitern führen zur Dogon Falaise hinauf. Dieser Aufstieg ist für Fremde normalerweise tabu. Er setzt die Erlaubnis der Dorfältesten voraus. Fotos: Mario Verin*

der alle 60 Jahre stattfindende *Sigui*, der *Agguet* zu Ehren ihrer Vorfahren, der *Ondonfile*, der kurz vor dem ersten Regen gefeiert wird, und das Maskenfest, das fünf Tage lang im April/Mai in allen Dörfern gefeiert wird.
Man sollte nicht nach Mali reisen, ohne einige Tage bei den Dogon in ihrer außergewöhnlichen Welt zu verbringen. Die wenigen – meist ein oder zwei – Tage der meisten Touren zu den Dörfern um den Bandiagara reichen bei weitem nicht aus, um eine Vorstellung von dem bemerkenswerten kulturellen Reichtum dieses Volkes zu bekommen. Am besten durchwandert man sein Gebiet.
Bei dem langsamen Trekking-Tempo ergeben sich Kontakte zu den Menschen, lassen sich Architektur und Landschaft ohne Eile genießen, und man kommt auch in die abgelegenen Dörfer. In anderen Teilen Afrikas ist Wandern eher unter einem sportlichen Aspekt zu sehen, aber hier macht es bekannt mit Menschen und ihrer Tradition und Kultur.
Die Faszination von Mali beschränkt sich aber nicht auf die Dogon. An der Grenze zwischen Schwarzafrika und dem Islam, wo die Wüste in die Steppe übergeht, liegt dieses riesige Land (1 240 000 km^2, 9 Millionen Einwohner), das vom 8. bis 16. Jahrhundert die blühenden Reiche von Ghana, Mali und Sonrai erlebte. Deren schwarze Herrscher traten zum Islam über; sie kontrollierten am Flußlauf des Niger die großen Karawanenwege durch die Sahara. Im Jahr 1324 pilgerte Kaiser Kankan Moussa in Begleitung von 60 000 Untertanen nach Mekka, wobei er 150 Kilogramm Gold mitnahm.
Im 19. Jahrhundert tauchte Mali auch in den Träumen und Plänen europäischer Abenteurer auf – zusammen mit den Nilquellen und den großen ostafrikanischen Seen. Der schottische Arzt Mungo Park erreichte 1796 als erster das Ufer des Niger, des großen westafrikanischen Wasserweges. Sein Buch *Journey to the Heart of Africa* ist eines der ersten und auch heute eines der aufregendsten Werke über den geheimnisvollen Kontinent.
Dann wurde Timbuktu, die mysteriöse Stadt am Rande der Sahara, das begehrte Ziel von Abenteurern aus ganz Europa. Mungo Park kam 1805 in seine Nähe, und der Schotte Gordon Laing erreichte es, wurde aber von den Tuareg getötet. Der 27jährige Franzose René Caillié beschrieb die Stadt zum ersten Mal. Er erreichte sie 1828 von der Küste von Guinea aus, indem er die mißtrauischen Tuareg durch seine Verkleidung als Araber täuschte. Er blieb dort zwei Wochen lang und beschrieb es als einen „Haufen Lehmhäuser, die von riesigen und extrem öden Treibsandebenen umgeben sind".
Auch heute zeigen die wichtigen Städte dieses Landes unverkennbare Züge der einstigen Pracht. Djénné hat eine Stadtmauer aus ungebranntem Ton, fein dekorierte Paläste und eine große Moschee mit Zinnen und Türmen. Weitere elegante Moscheen stehen in San, Mopti und natürlich Timbuktu (Tombouctou). Beweis für das Geschick der Architekten in der Anwendung von ungebranntem Ton sind die *Saho*, die eleganten „Häuser der Jungen" in den Fischerdörfern von Bozo am Niger.
Die Fahrt auf dem Niger mit einer Piroge mit ihrem großen Segel ist mit der interessanteste Teil der Reise. Auf den kleineren und größeren Märkten entlang des Flusses handeln die Fischer und Bootsleute mit Bambara-Bauern und Peul-Hirten aus dem Busch hinter der Niger-Flußebene. Die im Nordosten des Landes nach Algerien und in den Niger führenden Wege von Timbuktu und Gao aus sind noch immer unter Kontrolle der Tuareg. Das übrige Afrika zeigt dem Fremden seine Wüsten, Savannen, wilden Tiere und hohen Berge; Westafrika ist reich an Völkern, Kulturen und Traditionen. Mali – und der herrliche Trek durch die Architektur, Felsen und Traditionen des Dogon-Landes – nimmt hier einen besonderen Platz ein.

68 Maskenfeste spielen in der Dogon-Kultur in Mali eine wichtige Rolle. Dieses Foto zeigt eine Gruppe von Tänzern aus Bandiagara mit Antilopenmasken. Foto: Stefano Ardito

***69 links** Ein Dogon-Mädchen mit Muscheln, Perlen und Baobab-Früchten geschmückt beim Tanz. Foto: Stefano Ardito*

***69 rechts** Szene vom Maskenfest in Tereli am Fuß der Dogon Falaise. Das Fest dauert fünf Tage und wird in allen Dörfern der Gegend gefeiert. Foto: Mario Verin*

70 Die mit Zinnen und Türmchen verzierte Große Moschee ist die Hauptsehenswürdigkeit der alten Karawanenstadt Djénné.
Foto: Marco Majrani

71 links *Bei Bandiagara lassen Frauen gehackte und mit Kräutern gemischte Zwiebeln trocknen.*
Foto: Mario Verin

71 rechts *Trekker auf dem Gesims bei der Dogon Falaise beim Sonnenuntergang.*
Foto: Mario Verin

NÜTZLICHE INFORMATIONEN

Dauer: 6 Tage
Höhe: 300-800 m
Zeit: Wandern ist das ganze Jahr möglich. Von Dezember bis Februar ist das Klima mild, doch macht der Harmattan, der Wüstenwind, die Landschaft etwas eintönig. Von März bis Mai ist es sehr heiß. Die Regenzeit von Juni bis September kann Probleme mit sich bringen, doch sind die Lichtverhältnisse besser.
Formalitäten: Für Mali besteht Visumpflicht. Für den Trek ist keine spezielle Erlaubnis nötig.
Schwierigkeitsgrad: leicht
Kondition: mäßig bis durchschnittlich
Ausrüstung: Normale Trekking-Ausrüstung. In den Dörfern ist Camping möglich; Herbergen in den Dogon-Dörfern („Maisons de passage“) sind preiswert – allerdings sind Schlafsack und Matte nötig. Zwischen den Dogon-Dörfern kann man mit dem Mofa fahren.
Führer und Träger: Führer können in Bandiagara oder Sangha angeheuert werden.
Umwege und Gipfel: Außer einigen Felstürmen, an denen sich neuerdings viele Sportkletterer versuchen, gibt es in diesem Gebiet keine „Gipfel“. Es gibt allerdings zahlreiche Wege zwischen den Dörfern am Fuß der Felsenkette, die sich noch etwa 30 Kilometer über Kani-Kombodè hinaus erstrecken. Der Weg durch das Dogon-Land bietet mehr Variationsmöglichkeiten als die anderen in diesem Band beschriebenen, je nach Wetter, verfügbarer Zeit und Interessen des Wanderers.
Notfälle: Die Dörfer liegen nahe beieinander, und eine Rückkehr nach Sangha oder Bandiagara geht leicht und schnell, so daß hier keine ernsten Hindernisse bestehen.

Anreise: Von der Hauptstadt Bamako geht es über eine gute Straße 610 km weit bis Mopti, dem Haupthafen am Niger. Es besteht auch eine Flugverbindung; ein Teil der Strecke kann während der Regenzeit per Schiff zurückgelegt werden. Von Mopti führt eine Piste nach Bandiagara (65 km) und weiter nach Sangha (44 km). Es bestehen Busverbindungen und etwas abenteuerlichere Mitfahrmöglichkeiten auf Lastwagen und in Sammeltaxis (Preis vorher aushandeln).
Karten: gibt es nicht.

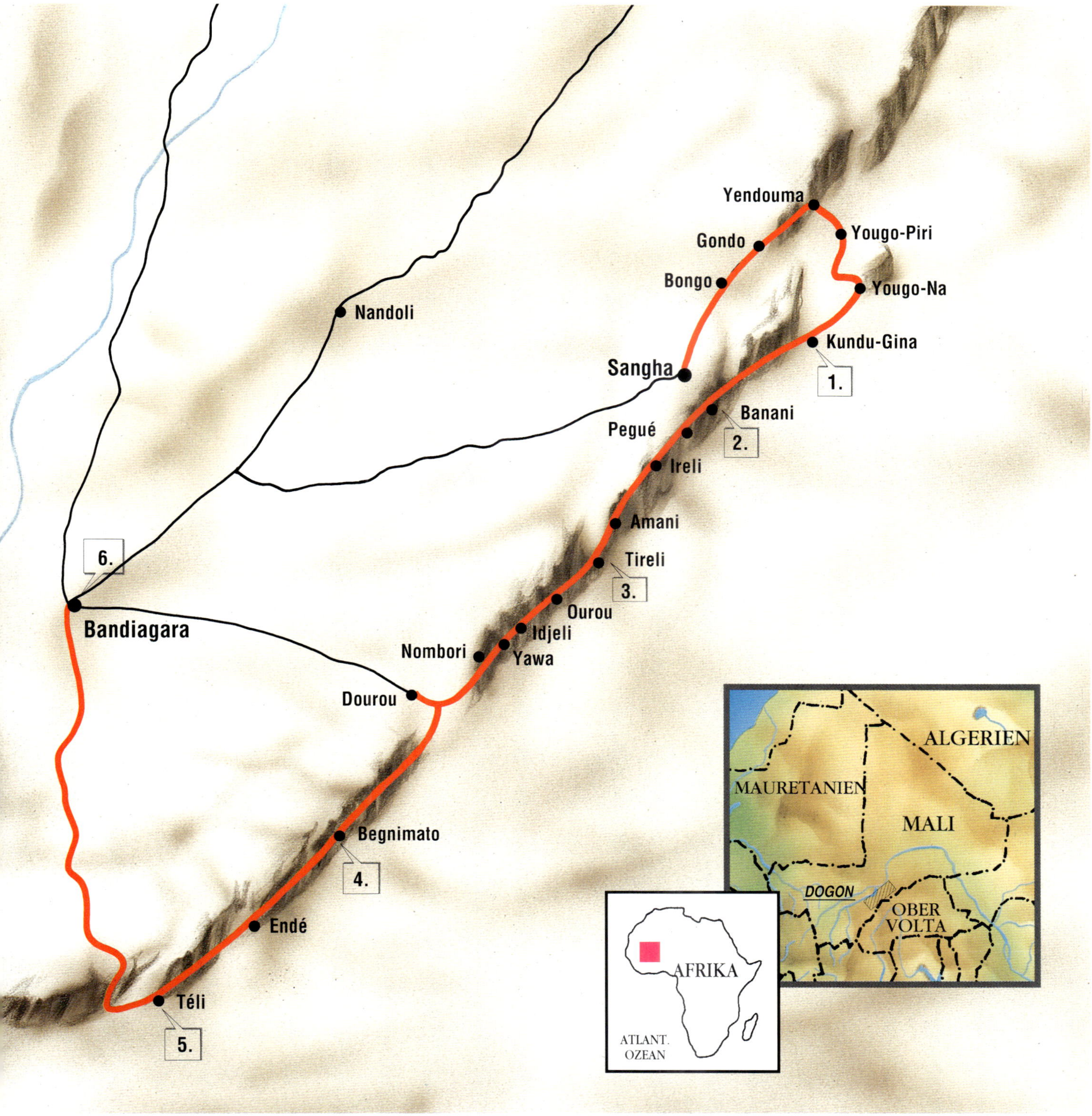
Yendouma
Gondo
Yougo-Piri
Bongo
Yougo-Na
Nandoli
Kundu-Gina
Sangha
1.
Banani
Pegué
2.
Ireli
Amani
Tireli
3.
6.
Ourou
Bandiagara
Idjeli
Nombori
Yawa
Dourou
ALGERIEN
MAURETANIEN
MALI
Begnimato
4.
DOGON
OBER
VOLTA
Endé
AFRIKA
Téli
5.
ATLANT.
OZEAN

1. TAG

von Sangha nach Kundu-Gina
Höhenunterschied: Aufstieg 150 m, Abstieg 450 m
Dauer: 6,5 Stunden

Das staubige Dorf Sangha mit seinen gewaltigen Baobab-Bäumen, das einen Blick von oben auf die Felsenkette gestattet, ist für die meisten Besucher der Ausgangspunkt für das Dogon-Land. Nach einem Aufenthalt im Dorf, wo alle fünf Tage ein interessanter und farbenprächtiger Markt stattfindet, geht es nordwärts nach Bongo und hinunter in die Gondo-Ebene am Fuß der Felsen. Dort führt der Weg entlang nach Yendouma und weiter über die Ebene bis zu den Baobab-Bäumen, die auf das Plateau führen, und zum Dorf Yougo-Piri. Von dort geht es bergab nach Yougo-Na und weiter durch Hirse-, Zwiebel- und Sorghum-Felder nach Kundu-Gina.

72 oben *Zwiebelfelder in einer wasserreichen Gegend.*
Foto: Marco Majrani

72 Mitte *Blick von der Falaise auf das Dorf Yendouma.*
Foto: Cl. Jaccoux/ Agentur Freestyle

72 unten *Wohnhäuser und Vorratsspeicher im Dorf Yendouma in der Dogon Falaise.*
Foto: Cl. Jaccoux/ Agentur Freestyle

72-73 *Das Dorf Sangha liegt in einer wasserreichen, fruchtbaren Umgebung; hier gibt es sogar überschwemmte Felder.*
Foto: Cl. Jaccoux/ Agentur Freestyle

73 unten links *Die Häuser der Dogon weisen kunstreiche Details auf wie z. B. diese mit Menschenmotiven fein verzierten Fensterläden. Foto: Cl. Jaccoux/ Agentur Freestyle*

73 unten rechts *Diese Frau lagert Hirse im Vorratsspeicher ein. Man beachte die verzierte Klappe und die Reliefs an den Wänden. Foto: Mario Verin*

2. TAG
von Kundu-Gina nach Banani
Höhenunterschied: 100 m
Dauer: 5 Stunden

Dies wird ein erlebnisreicher Tag unterhalb des höchsten Abschnittes der Felsenkette, die sich hier über 300 Meter hoch erhebt. Bis zum Dorf Banani geht es weiter über den gestrigen Weg. Hier sind einige interessante Togu Na zu besichtigen wie auch eine charakteristische Quelle, die direkt rechts am Fuß der Felsen entspringt. Wer bequemer übernachten will, kann über den steilen Pfad mit in den Felsspalt gehauenen Stufen hochsteigen und eines der Hotels in Sangha aufsuchen.

74 oben *Charakteristisches Haus im Dorf Banani. Foto: Mario Verin*

74 unten *Viele Dogon-Häuser wie hier in Izelli sind in den Felsen hineingebaut. Foto: Cl. Jaccoux/ Agentur Freestyle*

3. TAG
von Banani nach Tireli
Höhenunterschied: Aufstieg 100 m, Abstieg 130 m
Dauer: 5 Stunden

Dieser ziemlich leichte Abschnitt führt in einige der schönsten Dogon-Dörfer – Peguè, Ireli und Amani. Bei Amani liegt der kleine, aber interessante Koo-See mit seinen Krokodilen. Wer die großen Felsen gerne aus größerer Entfernung betrachten möchte, kann in dieser Gegend in den phantastischen roten Sanddünen campen.

4. TAG
von Tireli nach Begnimato
Höhenunterschied: Aufstieg 100 m, Abstieg 80 m
Dauer: 6 Stunden

Dieser etwas längere Abschnitt – bei Bedarf besteht Übernachtungsmöglichkeit in Nombori – führt in eine etwas abgelegenere Gegend des Bandiagara. Es geht durch Felder mit vereinzelten Bäumen, durch Ourou, Idjeli, Nombori und Yawa. Dort führt ein weiterer interessanter Steig in eine Felsenschlucht und weiter in etwa einer Stunde an den Rand des Plateaus und nach Dourou, einem größeren Dorf 18 Kilometer von Bandiagara entfernt (4 bis 5 Stunden Gehzeit).

5. TAG
von Begnimato nach Tèli
Höhenunterschied: Aufstieg 300 m, Abstieg 50 m
Dauer: 5 Stunden

Nun, außerhalb des bekanntesten und am häufigsten besuchten Gebietes des Bandiagara, geht es unten entlang der Felsen durch eine weniger spektakuläre Landschaft nach Yabatalu, Endè und Tèli, einem malerischen Dorf, in dessen Nähe einige interessante Wasserfälle und Felsenzeichnungen zu finden sind.

6. TAG
von Dourou nach Djiguibombo bzw. Bandiagara
Höhenunterschied: 350 m
Dauer: 1,5 bzw. 6 Stunden

Der Trek endet mit einem kurzen, aber steilen Pfad zwischen den Felsen hinauf zum Dorf Djiguibombo. Von dort führt eine Piste zum 20 Kilometer entfernten Bandiagara. Wer dorthin keine Mitfahrgelegenheit findet oder wirklich zu Fuß gehen möchte, muß hierfür vier bis fünf Stunden einkalkulieren.

74-75 *Gesamteindruck der Geologie der Dogon Falaise, im Vordergrund das typische Dorf Izelli.*
Foto: Cl. Jaccoux/ Agentur Freestyle

75 oben *Viele Gebäude, Wohnhäuser und Speicher sind eng an den Felsen oder in den Felsen hineingebaut.*
Foto: Cl. Jaccoux/ Agentur Freestyle

Die Gipfel und Hochebenen des Simēn

Auf den höchsten und spektakulärsten Bergen Äthiopiens

Hochplateaus, imposante, senkrechte Felswände, Dörfer, in denen die Zeit stillzustehen scheint, ausgedehnte Heide- und Lobelien-„wälder“, wilde Tiere wie Gelada-Paviane und Steinböcke... Äthiopien ist ein Land voller Überraschungen und Kontraste, und am Simēn, der mächtigen Bergkette im Norden des Landes, fallen diese Überraschungen und Kontraste besonders auf.
Wer über die alte Straße von Aksum und Asmera anreist, sieht die Bergkette wie eine gewaltige, über zwanzig Kilometer breite Felswand, an die sich im Nordosten die gespenstischen Felstürme des Tsellemtç-Massivs anschließen. Von hier ist nichts von diesem Plateau zu sehen, das sich in dieser Felswelt erstreckt. Die meisten Besucher reisen allerdings von Süden her an, von der historischen Stadt Gonder, die mit dem Flugzeug von Adīs Abeba erreicht wird.
Dann sollte man zunächst die Kirche von Debra Birhan mit ihren herrlichen Fresken von 1682 und die ungewöhnliche, von 1637 bis 1680 unter Kaiser Fasilides und seinem Sohn Johannes I., dem „Richtigen“, erbaute Burg besichtigen. Über eine kurvenreiche Straße, die von italienischen Ingenieuren 1937-39 angelegt wurde, erreicht man dann das große Dorf Debark, das samstags Schauplatz eines bunten Marktes ist. Hier ist der Ausgangspunkt in die Berge. Anderthalb Tage lang geht es im Zickzack durch Felder und Täler, Wälder aus Wacholder und Heide-„bäumen“ und steiniges Gelände zu den Felstürmen und der schönsten Seite des Simēn.
Wie überall in Äthiopien sind die Menschen faszinierend. Genau wie bei Trekkingtouren in Nepal – und ganz anders als sonstwo in Afrika – wandert man am Simēn von Dorf zu Dorf über Maultierpfade und Wege, die schon seit Jahrhunderten von allen möglichen Wandersleuten be-

76 Von der Gich-Schutzhütte (3600 m) schweift der Blick bei Sonnenuntergang über das sanfte Plateau.

77 Plötzlich taucht hinter dem Rücken zwischen dem Imet Gogo (3936 m) und dem Gidir Got das flache Land auf. Im Vordergrund eine Lobeliengruppe. Fotos: Stefano Ardito

gangen werden, von alten Männern mit der Würde von Patriarchen, koptischen Priestern, die mit großer Ehrerbietung behandelt werden, trotz ihrer bitteren Armut elegant gekleideten Frauen, Eselskarawanen, die zu den Märkten von Aberghina, Debark und Gondar ziehen, und jungen Hirten, die in Ziegenfelle gekleidet sind.
Unterwegs tauchen plötzlich Frauen wie aus dem Nichts auf, um den Wanderern Talla zu verkaufen, ein bitteres, selbstgebrautes Bier. Ständig begegnen einem Karawanen und Träger mit Holz und anderen Dingen. Selbst in den wildesten Gegenden des Massivs tauchen unerwartet Hütten, Ställe und Felder auf.
Das höchste Gebirge in Äthiopien, mit dem 4620 Meter hohen Ras Dashen und dem 4430 Meter hohen Bwahit sowie zahlreichen anderen Gipfeln über 4000 Meter, ist trotz der Besiedlung durch den Menschen, der fast überall gerodet und gejagt hat, ein ungewöhnliches Freilichtmuseum für Flora, Fauna und Geologie. Das Massiv, das im wesentlichen aus Schiefer, Sandstein und Granit besteht, weist eine bemerkenswerte Vegetation auf, die sich durchaus von der Vegetation der anderen afrikanischen Gebirge unterscheidet.
Von Aksum oder Gonder geht es durch Akazien und Felder in die Berge. In 3500 bis 3800 Metern herrschen Wälder aus Heide-„bäumen“, Johanniskraut, Hygenia und Wacholder vor. Im Gegensatz zu den faszinierenden, aber sehr

dichten und bedrohlichen Wäldern am Mount Kenya, Kilimanjaro und Ruwenzori wirken diese äthiopischen Wälder weitaus einladender und erinnern eher an die Ilex- und Korkeichen-Wälder im Mittelmeerraum.
Zwischen 3500 und 4000 Metern Höhe wachsen Strohblumen und Lobelien, allerdings andere Arten als in den südlicher gelegenen Gebieten. Noch höher werden sie von Bergwiesen und den höchsten Feldern abgelöst. Hier wird man Gelada-Paviane *(Theropitecus galad)* antreffen, Affen mit einem charakteristischen Fell, und weniger oft den Simēn-Steinbock *(Capra ibex walia)*, eine der seltensten Tierarten Afrikas. Am ehesten sieht man sie an den Felsabbrüchen, wo sie leichtfüßig über schmale Gesimse und steile Hänge an den Bergwänden laufen. Weiterhin trifft man in diesem Naturpark Simēn-Füchse *(Simenya simensis)*, Leoparden, Stummelaffen, Buschkatzen, Antilopen und Klippschliefer. Hyänen tauchen oft um die Felder und Dörfer auf.
Ein Trek durch die Täler und über die Gipfel des Simēn ist immer faszinierend und bereitet keine technischen Probleme. Man kann, wie nachfolgend beschrieben, durch den Nationalpark wandern. In sechs bis sieben Tagen lernt man die schönsten und leicht zu ersteigenden Gipfel des Imet Gogo (3936 m), Inatye (4070 m) und Bwahit (4430 m) kennen. Die Besteigung des Ras Dashen (4620 m), des höchsten Gipfels in Äthiopien, kostet mehr Zeit und Mühe. Hierzu muß man vom 4100 Meter hohen Rücken zwischen dem Chennek und dem Bwahit ins 2900 Meter hoch gelegene Ainsyo-Tal absteigen und anschließend über das Dorf Ambikwo auf den Gipfel steigen. Es ist ratsamer, dann nach Addi Arcai abzusteigen als wieder in Richtung des Chennek aufzusteigen. Diese Tour dauert insgesamt fast zwei Wochen.
Der Simēn war nach der Revolution von 1974 Schauplatz zahlreicher Gefechte zwischen Mengistus Soldaten und der Tigrai-Befreiungsfront, die später die Übergangsregierung bildete. Inzwischen ist es hier wieder friedlich, und man kann wieder die Naturparks, Wasserfälle und Seen sowie die Klöster besuchen und die Menschen kennenlernen. Folgen des Bürgerkriegs sieht man im Simēn allerdings: Viele Lodges sind zerstört, und die Steinbock-Population wurde stark durch die Jagd seitens der Soldaten dezimiert. Doch werden inzwischen neue Hütten gebaut wie z. B. im Herbst 1994 die Gich-Hütte, so daß der Simēn heute interessante Trekkingtouren abseits der Touristenströme am Kilimanjaro und Mount Kenya bietet. Allerdings verdienen die lokalen Führer kaum ihren Berufstitel, und die äthiopischen Reisebüros können sich nur schwer auf die Bedürfnisse von Trekkern einstellen. Man sollte sich daher am besten selbst um Vorräte und Wanderrouten kümmern.

78-79 *Ein obligatorischer Zwischenstop bei einem Besuch des Simēn-Massivs ist die historische Stadt Gonder mit ihrer unter den Kaisern Fasilidas und Johannes I. (1637-1680) erbauten Burg.*
Foto: Stefano Ardito

Nützliche Informationen

Dauer: 7 Tage
Höhe: 3020 m-4430 m
Zeit: Oktober bis Mai. Im März und April regnet es verstärkt.
Formalitäten: Über Visumbestimmungen erteilen Reisebüros und die äthiopische Botschaft Auskunft. Für den Simēn-Nationalpark ist in Debark ein Eintrittspreis zu zahlen.
Schwierigkeitsgrad: Keine technischen Probleme, doch gibt es auf dem Abschnitt zwischen Gich und Chennek einige exponierte und freie Stellen.
Kondition: Durchschnittlich. Einige Abschnitte sind ziemlich ermüdend aufgrund der Länge, Höhe und wegen fehlendem Schatten.
Ausrüstung: Normale Trekkingausrüstung; ein Zelt ist notwendig.
Anreise: Debark (3020 m) liegt 100 km über eine gute Straße von Gonder entfernt; Fahrzeit 3 Stunden, mit dem Bus 4-5 Stunden. Am Dorfeingang ist die Parkverwaltung, wo der Eintritt und eine Gebühr für die Ranger bezahlt wird, die die Gruppen begleiten.
Führer und Träger: In Debark können Führer, Träger und Lasttiere (meist Maultiere) sowie ihre Treiber gemietet werden. Man sollte einen Ranger als Begleitung dabei haben; er weiß, wo man wilde Tiere sehen kann.
Umwege und Gipfel: Auf dem Weg liegen die Gipfel des Imet Gogo (3936 m), Intaye (4070 m) und Bwahit (4430 m). Eine beliebte Variante führt in zwei Tagen vom Chennek zum Ras Dashen (4620 m), dem höchsten äthiopischen und vierthöchsten afrikanischen Berg. In diesem Fall wird der Abstieg durch das Ainsyo-Tal nach Addi Arcai empfohlen.
Notfälle: Es gibt einen Fahrweg durch den Park zum Chennek; allerdings gibt es kaum Autoverkehr!
Karten: Sehr gut, aber schwer zu finden ist die Schweizer Karte Simēn National Park (1:100 000). Weniger detailliert sind die italienischen Karten (hrg. vom IGM) Gonder und Mekelē (1:400 000). Die äthiopische Fremdenverkehrsverwaltung gibt den Führer Simēn – the Roof of Africa heraus.

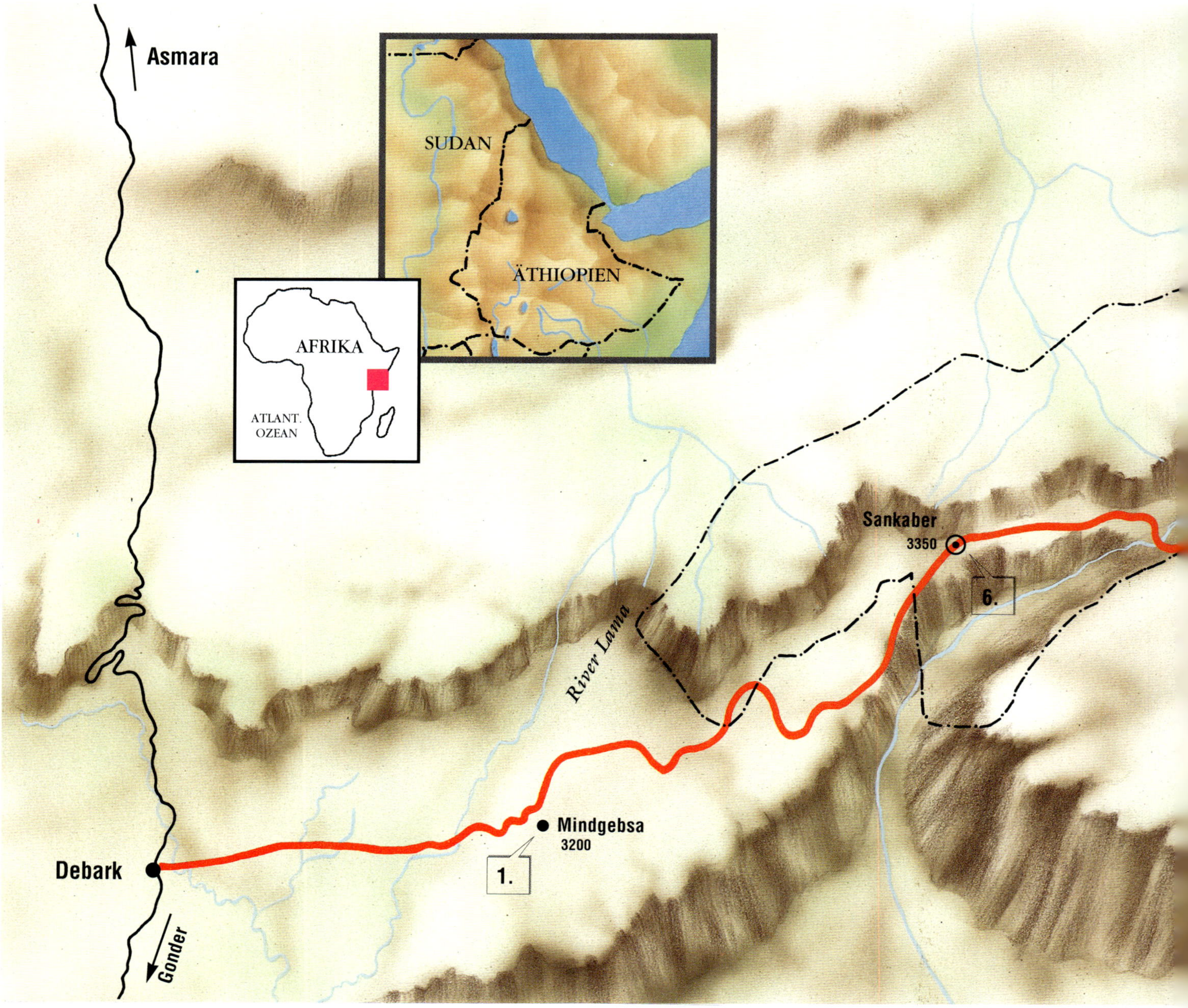

81 links *Der spektakuläre Gipfel des Imet Gogo (3936 m) ist einer der beliebtesten des Simēn; er liegt nur einige Gehstunden von der Gich-Hütte entfernt.*

81 rechts *Auch in den ärmsten Haushalten wird der Kaffee nach einem langen und komplizierten Ritus zubereitet, hier im Dorf Argin unweit des Chennek-Camps. Fotos: Stefano Ardito*

82 oben Die Burg Gonder wurde im gleichen Stil wie die portugiesischen Festungen des 16. Jahrhunderts entlang der afrikanischen Küste erbaut.

82 Mitte Ein Maultier und sein Treiber unterwegs auf dem alten Maultierpfad zwischen Debark und den ersten Anhöhen des Simēn.

82 unten Zwei Bauern sind mit ihrem Maultier auf dem Maultierpfad zwischen Mindgebsa und Debark unterwegs zum Wochenmarkt.

82-83 Am zweiten Tag des Treks bietet ein kleiner Abstecher nach Sankaber einen Ausblick vom Plateau nach Norden. Hier beginnt der Simēn-Nationalpark.

1. TAG
von Debark nach Mindgebsa
Höhenunterschied: Aufstieg 470 m, Abstieg 300 m
Dauer: 3,5 Stunden

Hinter Debark verläuft der Weg im Zickzack in einige tiefe Schluchten. Viele Trekker legen zwar als erstes den langen Weg nach Sankaber (7 Stunden) zurück; es ist aber besser, zunächst diesen kurzen Abschnitt zu wandern, für den der Nachmittag ausreicht, wenn man morgens von Gonder angereist ist oder mit Vorbereitungen beschäftigt war. Nach etwa 1 km über die Piste geht es zum Lava River hinab; er wird überquert, und es geht wieder bergan in eine weitere Schlucht. Ein ziemlich mühsames Stück führt hinauf zu dem verstreuten Dorf Mindgebsa (ca. 3200 m). Hier kann man an mehreren Stellen campen, am besten bei der Schule oder am Dorfende in der Nähe einer Quelle.

2. TAG
von Mindgebsa nach Gich
Höhenunterschied: Aufstieg 850 m, Abstieg 450 m
Dauer: 7 Stunden

Dieser lange, aber interessante Abschnitt verläuft durch die charakteristischen Riesen-Heidegewächse und die herrlichen Lobelien. Häufig sieht man bei Sankaber und im Jinbar Wenz-Tal Gelada-Paviane. Hinter Mindgebsa geht es hinab ins Angora Wenz-Tal, wo man zum ersten Mal die Nordseite des Plateaus zwischen dem Tirf- und dem Aman Amba-Gipfel sieht. Hier beginnt der Nationalpark. Es geht über eine Grasebene und anschließend ein monotones und heißes Stück in den Wald und zur verfallenen Sankaber Lodge (3350 m). Man steigt in ein weiteres Tal hinunter und auf der Straße wieder hinauf, wobei man eine schöne Aussicht auf die Gidir Got-Felsen hat. Dann geht es über einen Weg nach Gich. Der Fluß Jinbar Wenz wird überquert, dann geht man über das Dorf (3500 m) zum Gich-Camp (3600 m) inmitten herrlicher Lobelien.

83 unten links Ein Gruppe unterwegs auf dem leichten Weg durch das Jinbar Wenz-Tal, nicht weit entfernt von dem steilen Aufstieg zum Dorf und zum Camp Gich.

83 unten rechts Die einfache, aber gemütliche Schutzhütte von Gich hat als einzige im Simēn die Zerstörungen des Bürgerkriegs in Äthiopien vor 1992 überstanden.
Fotos: Stefano Ardito

3. TAG

von Gich zum Imet Gogo und zurück
Höhenunterschied: 400-500 m
Dauer: 3-4 Stunden

Man sollte sich einen Tag Zeit nehmen, um von Gich aus zum Rand des Plateaus zu wandern, von wo man eine herrliche Aussicht auf die zahlreichen Felsentürme und das entfernte Tsellemtç-Massiv hat. Ein guter Weg führt im Zickzack durch Wiesen nach Westen und in etwa einer Stunde an die Bergwand. Dort geht es ein Stück nach links und über einen luftigen, aber leichten Felsrücken zum Gipfel des Imet Gogo (3936 m), einem der besten Aussichtspunkte. Von dort geht man in nordöstlicher Richtung am Rand des Plateaus und anschließend eine Zeitlang im Zickzack und zurück nach Gich. Man kann aber auch noch ein Stück weiter nach Westen in Richtung des Gidir Got gehen.

4. TAG

von Gich zum Inatye und Chennek
Höhenunterschied: Aufstieg 780 m, Abstieg 680 m
Dauer: 6,5 Stunden

An diesem Tag hat man die besten Aussichten am Rand der großen Bergwände, die das Plateau östlich begrenzen. Zunächst geht es hinunter zum Jinbar Wenz durch einen schönen Heide- und Lobelienwald. Der Fluß wird überquert, danach geht es durch Gerstenfelder und Wiesen wieder auf die Piste. Dieser folgt man einige hundert Meter, biegt dann nach links ab und geht über sanfte Hänge zu den Felsen des Inatye-Gipfels (4070 m). Weiter geht der Weg in südöstlicher Richtung an den Rand der Felsen und über leichte Grashänge hinab ins Belegez Wenz-Tal, wo sich das Argin- und das Chennek-Camp befinden. Zum Talanfang geht es über sehr steile Grashänge hinab. Bald darauf erreicht man das Chennek-Camp (3700 m), das wohl schönste des Simēn.

84 oben *Vom Gipfel des Imet Gogo hat man einen herrlichen Ausblick auf zahlreiche Felstürme. Die engen grasbewachsenen Simse sind der bevorzugte Lebensraum des Simēn-Steinbocks.*

84 Mitte *Der Rücken westlich des Imet Gogo bietet eine hervorragende Aussicht auf die Felsnadeln von Tsellemti, die das tiefe Tal des Ainsyo und den Weg nach Addi Arcai dominieren.*

84 unten *Das Camp und die Anhöhen des Chennek bieten dem Wanderer einen schönen Blick auf die rauhen Felswände des Simēn im Osten. Im Vordergrund stehen die baumähnlichen Heidegewächse, die für dieses Gebirge charakteristisch sind.*
Fotos: Stefano Ardito

5. TAG

vom Chennek zum Bwahit und zurück
Höhenunterschied: 700 m
Dauer: 4 Stunden

Dieser kurze, aber interessante Ausflug führt zum Bwahit-Gipfel, dem höchsten des Nationalparks, von wo aus man das Massiv des Ras Dashen sieht. Hier trifft man sicher auf Gelada-Paviane und vielleicht auch auf Steinböcke an den Felshängen. Zunächst geht es eine halbe Stunde über einen breiten Weg bergauf und dann von diesem links weg zu den Felshängen, wo man die Affen und Steinböcke sehen kann. Man läßt den Pfad, der ins Ainsyo-Tal hinunter führt, links liegen und geht weiter durch felsiges Lobelien-Gelände über einige steile Abschnitte auf den Bwahit-Gipfel (4430 m). Der Abstieg führt über den Nordhang des Berges schnell zum Camp zurück.

85 oben *Der 4430 Meter hohe Bwahit-Gipfel bildet einen schönen Hintergrund für das Chennek-Camp.*

85 Mitte *Auf dem Bwahit-Gipfel liegen noch Schneereste.*

85 unten *Das letzte Tageslicht bringt stimmungsvolle Farben in die einsame Landschaft des Simēn-Plateaus bei dem Dorf Abergina.*
Fotos: Stefano Ardito

6. TAG

vom Chennek nach Sankaber
Höhenunterschied: Aufstieg 550 m, Abstieg 900 m
Dauer: 5-6 Stunden

Der Rückweg nach Debark ist lang, aber interessant. Vorher sollte man das Dorf Argin besuchen (1 Stunde extra hin und zurück). Zunächst geht es über die Piste bergan bis auf das Plateau, wo linker Hand das Dorf liegt. Ein Stück weiter stößt man dann auf den Weg nach Sankaber.

7. TAG

von Sankaber nach Debark
Höhenunterschied: Aufstieg 250 m, Abstieg 600 m
Dauer: 5,5 Stunden

Der letzte Wegabschnitt ist wie auf dem Hinweg. Es geht wieder durch Bergwiesen und die Heidewälder des Angora Wenz-Tals aus dem Park hinaus. Hinter Mindgebsa geht es im Zickzack zurück nach Debark.

Ruwenzori: Die Mondberge

Zwei Touren durch das wildeste
Massiv in Afrika

86-87 *Der Steig von Mutsora zur Kalongi-Hütte führt durch einen herrlichen Regenwald. Foto: Marco Majrani*

„Einer meiner Leute lenkte meine Aufmerksamkeit auf den Berg und rief: ‚Dort – ein Berg!' Ich sah etwas wie eine ziemlich unförmige, silbrig glänzende Wolke, die aussah wie ein schneebedeckter Berg... Dann entdeckte ich, daß es tatsächlich keine Wolke war, sondern eine feste Masse, ein echter, schneebedeckter Berg."

Man schrieb den 24. Mai 1888. Henry Morton Stanley, eine der berühmtesten Persönlichkeiten der Afrika-Erforschung, kampierte bei Nsabè am Albert-See, bei den Quellen des Weißen Nil. Seit dem Treffen mit Livingstone bei Ujiji siebzehn Jahre zuvor – *„Doctor Livingstone I presume?"* – war dies die dritte Expedition des anglo-amerikanischen Journalisten und Abenteurers nach Schwarzafrika. Diesmal war er unterwegs zum Äquator, um Emin Pascha und seiner belagerten Garnison zu Hilfe zu eilen. Doch das geübte Auge dieses unbekannten Trägers vermehrte den Ruhm der Expedition: Der geheimnisvolle Ruwenzori war entdeckt.

Dank Stanley wurde die Legende der „Mondberge", die Quelle des Nil, die schon von Ptolemäus und zahlreichen arabischen Autoren erwähnt wurden, zur Wirklichkeit. Seine Höhe von 5109 Metern – der Hauptgipfel wird von über zwanzig Nebengipfeln flankiert – macht ihn nach dem Kilimanjaro und dem Mount Kenya und vor dem Ras Dashen und den hohen äthiopischen Bergen zum dritthöchsten Berg in Afrika.

Für die Europäer ist er ein ganz besonderer Berg – ein hoher Gipfel, geheimnisvoll, etwas unwirklich, ständig hinter Wolken verborgen, an der Grenze zwischen den riesigen Becken des Kongo und des Nil. Die Bergkette hat eine komplexe Topographie, die sie in sechs größere Berge – Stanley, Emin, Gessi, Speke, Baker und Luigi di Savoia – mit 24 Gipfeln von über 4000 Meter Höhe unterteilt. Heute liegt der Ruwenzori im Grenzgebiet von Zaire und Uganda, vor hundert Jahren war es noch die Grenze zwischen britischem und belgischem Einflußgebiet.

Damals war das Rennen der europäischen Mächte um Einfluß in Afrika in vollem Gang, denn Afrika besaß gewaltige Reichtümer. Direkt nach den Erforschern kamen die Missionare, Straßenbauer und Gouverneure der Kolonialmächte, und mit ihnen die Wissenschaftler und Bergsteiger. Der deutsche Naturwissenschaftler Franz Stuhlmann war 1891 der erste, der die Besteigung des Ruwenzori von der kongolesischen Seite aus versuchte. Ein Weg wurde durch die undurchdringlichen Wälder oberhalb von Mutwanga gebahnt, bis er einen Rücken in 4200 Metern Höhe erreichte, wo heute die Kyondo-Schutzhütte in einem leider schlechten Zustand steht. Ihm folgten 1894/95 Scott Elliot und 1900 Moore. 1905 stieg der Engländer Douglas Freshfield von der ugandischen Seite hoch. Er war bekannt als erfahrener Alpinist, der auch schon außerhalb Europas Erfolge gehabt hatte – besonders im Kaukasus und bei seiner Tour 1899 um den Kangchenjunga herum. Am Ruwenzori scheiterte Freshfield jedoch. Er war nur von A. L. Mumm und dem Zermatter Führer Moritz Inderblatten begleitet, und die kleine Gruppe konnte nicht gegen das ständig schlechte Wetter mit Stürmen und fehlender Sicht ankommen.

1906 organisierte und führte Louis Amedeus von Savoyen, Herzog von Abruzzen, die erste erfolgreiche Expedition. Äußerst entschlossen ging er den Berg in Begleitung der Führer Joseph Pétigax, César Ollier, Joseph Brocherel, Laurent Pétigax,

des Fotografen Vittorio Sella und sechs weiterer Italiener an. Er ließ Sella und seine Assistenten, die seine Besteigung im Bild festhalten sollten, zurück und stürmte mit seinen Führern weiter, sobald es das Wetter zuließ – was beim Ruwenzori nicht allzuoft der Fall ist. Und er schaffte es. Am 21. Juni um 9 Uhr befand sich die Gruppe direkt unter dem letzten Eishang am höchsten Gipfel. Es war neblig, doch Joseph Pétigax und dann auch Ollier fingen an, Stufen zu schneiden, und überwanden das letzte Stück. „Einige Minuten später setzte seine Königliche Hoheit den Fuß auf den höchsten Gipfel des Ruwenzori." Um sie herum waren nur Wolken, aus denen „zwei weiße Pyramiden hervorschimmerten: die Spitzen der beiden höchsten Gipfel", schrieb Filippo De Filippi in seinem spannenden Bericht.
„Seine Königliche Hoheit taufte sie Margherite und Alexandra, so daß zori einen mehr als alle anderen Berge in die Vergangenheit versetzen. Egal von welcher Seite man ihn angeht – der Berg ist steil, entmutigend, mühselig. Die Steige sind eine einzige Folge von Schlamm und Sumpf, die Schutzhütten äußerst primitiv. Es gibt auch hier Trekker, aber längst nicht so viele wie unterwegs zum Lenana-Gipfel oder zum Mount Kibo. Und auch für den routinierten Bergsteiger wird der Ruwenzori ein großes, unvergeßliches Abenteuer bleiben.
In den letzten Jahrzehnten waren zwei Routen zum Gipfel abwechselnd recht beliebt. Kurz nach dem Zweiten Weltkrieg, als Uganda noch die „Perle von Afrika" war, stiegen die meisten Trekker und Bergsteiger vom Bujuku- und vom Mobuku-Tal entlang der Route von Freshfield und dem Herzog von Abruzzen auf. Während der Schreckensherrschaft von Idi Amin durften Ausländer

dank der Schirmherrschaft der beiden Herrscherinnen die beiden Nationen vereint waren: Italien, dessen Name hier zuerst als Siegesruf ertönte, und England."
In den folgenden Tagen wurde die Namensliste europäischer Monarchen und Prinzen am Ruwenzori durch die Taufe des Albert (Belgien)-Gipfels, des Victor Emmanuel-, des Edward- und des Savoyen-Gipfels erweitert.
Heute ist diese Zeit des Herzogs und des Wettstreits um Afrika längst Geschichte, doch wird der Ruwen- nicht nach Uganda, so daß nun die herrliche zairische Gegend um Kivu zum Ausgangspunkt wurde für den Steig, den auch schon Stuhlmann genommen hatte und der von Mutwanga steil auf die Gletscher und Gipfel zuläuft. Als Uganda in den neunziger Jahren wieder friedlich wurde und in Ruanda der Bürgerkrieg ausbrach, wurde der Ostzugang wieder populär.
Wenn man wieder die Wahl haben wird, so haben beide Wege ihre Vorzüge. Der von Zaire aus ist abenteuerlicher und führt durch den herrlichen tropischen Regenwald auf den Berg; hiermit kann eine Besteigung der Virunga-Vulkane kombiniert werden, und im Jamba-Wald hat man vielleicht das Glück, Gorillas zu sehen. Die „Straße" von Goma nach Beni und zum Fuß des Berges ist allein schon ein Abenteuer. Von Uganda ist die Anreise kürzer, doch der Weg ist nicht viel leichter. Wenn die Möglichkeit besteht, beim Abstieg einen anderen Weg zu nehmen, wird das Erlebnis noch intensiver sein.
Einige Trekker gehen nur bis in etwa

4500 Metern Höhe bis zu den Gletschern. Wer Erfahrung hat und gut ausgerüstet ist, sollte aber eine Besteigung des Pic Margherite oder wenigstens des 4750 Meter hohen Stanley Plateaus bei den schwarzen Moebius-Felsen nicht auslassen. Eine Überquerung des Berges über die Grenze ist zwar faszinierend, wird durch Formalitäten und Visumbestimmungen aber zu einem logistischen Problem. In diesem Fall ermöglicht eine Straße, die den Berg südlich umrundet, eine schnelle Rückkehr zum Ausgangspunkt.

Besonders interessant ist die Pflanzenwelt am Ruwenzori. Vom tiefer gelegenen Regenwald kommt man durch Abschnitte mit Riesen-Heidegewächsen, die ständig wolkenverhangen sind, weiter hoch in Bereiche mit Lobelien und Kreuzkraut in etwa 4500 Metern Höhe. Am Anfang des Bergwaldes halten die Führer und Träger an, um zu den Göttern zu beten und ein Opfer zu bringen – und die fast magische Atmosphäre des Berges wird auch die Besucher anstecken.

88 Bei der Mahangu-Hütte (3310 m) gedeiht eine vielfältige, exotische Vegetation.

88-89 In etwa 3000 Metern Höhe verläuft der Steig auf den Ruwenzori durch herrliche schattige Heidewälder.
Fotos: Marco Majrani

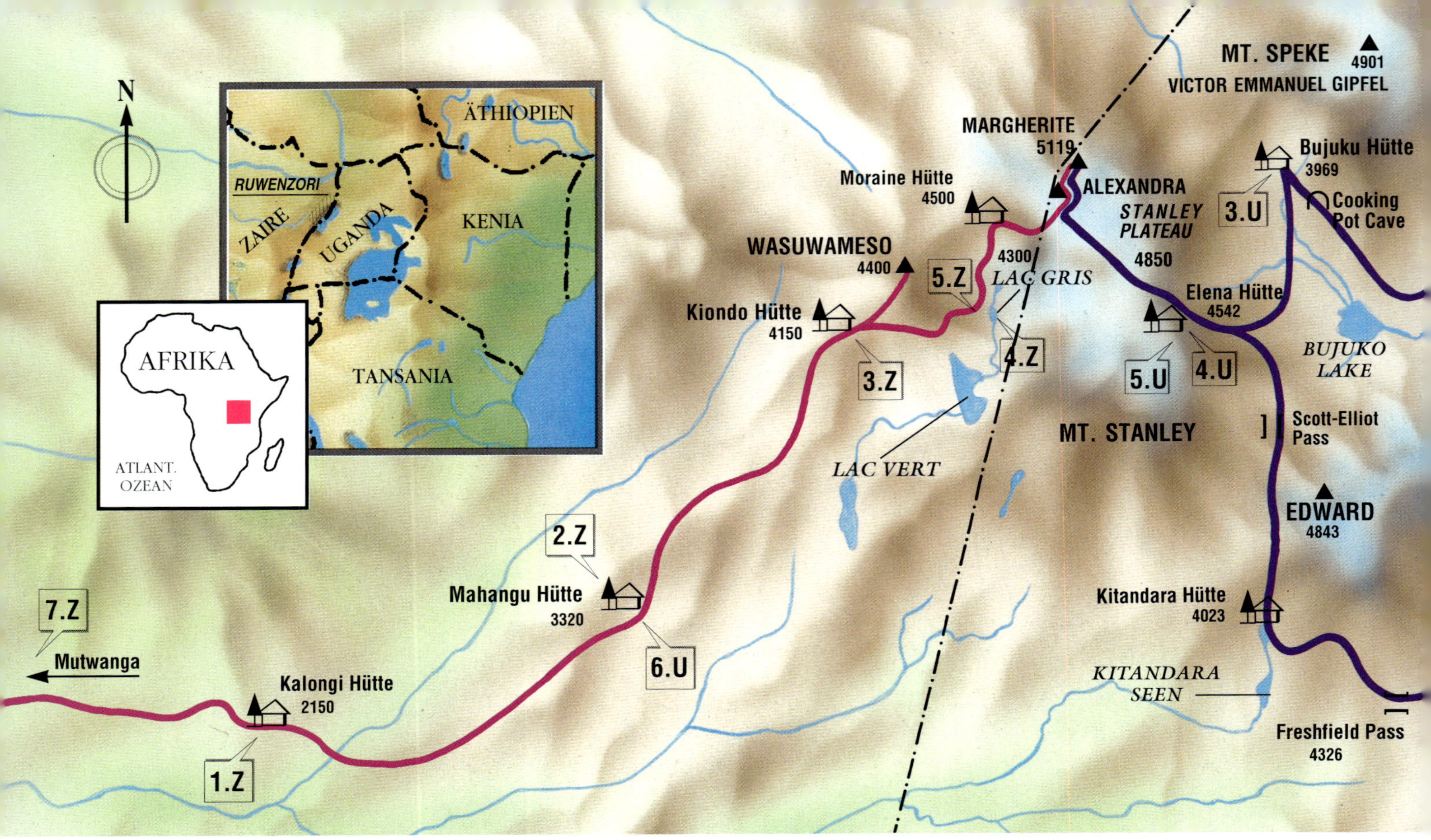

Nützliche Informationen

Dauer: 7 Tage für die Mutwanga-Route (Zaire), 8 Tage für die Ibanda-Route (Uganda). Wenn man nur bis zu den Gletschern geht, verkürzt sich die Zeit um 1-2 Tage, doch sollte man immer einen Reservetag wegen des schlechten Wetters einkalkulieren.
Höhe: 1150 m (Zaire) oder 1650 m (Uganda)-5119 m. Die maximal erreichbare Höhe ohne Überqueren der Gletscher beträgt 4500 m auf beiden Seiten.
Zeit: Weniger stark regnet es – Trockenzeit wäre eine maßlose Übertreibung – zwischen Dezember und Mitte März sowie von Juni bis September. Allerdings regnet es fast immer!
Formalitäten: Für alle Länder besteht Visumpflicht. Für die Treks muß eine Erlaubnis eingeholt werden, die am Fuß des Berges meist problemlos zu erhalten ist. Für die Nationalparks (Virunga National Park, Ruwenzori Mountain National Park) muß Eintritt bezahlt werden. Aufgrund der unsicheren Lage im Grenzgebiet von Zaire und Ruanda sollten unbedingt die Sicherheitshinweise des Auswärtigen Amtes beachtet werden.
Schwierigkeitsgrad: Die Wege am Ruwenzori sind die mühseligsten Steige der Welt aufgrund des Schlammes, Sumpfes und der kaum durchdringlichen Vegetation. Doch gerade dadurch wird der Trek zum richtigen Abenteuer. Der Zugang zum Stanley Plateau ist leicht von Uganda, von Zaire jedoch steil und steinschlaggefährdet. Die Besteigung des Pic Margherite geht über Felsen und steile Gletscher und erfordert Bergsteigererfahrung.
Kondition: muß aufgrund der Höhe, des Klimas und der Bodenverhältnisse gut sein.
Ausrüstung: Bis unten an die Gletscher reicht normale Trekkingausrüstung aus. Skistöcke sind in den Sümpfen sehr hilfreich, um das Gleichgewicht zu halten. Anorak und Hose müssen von sehr guter Qualität sein; besonders wichtig ist es, die Ersatzkleidung trockenhalten zu können. Für die Besteigung des Pic Margherite ist Gletscherausrüstung erforderlich: Seil, Eispickel, Steigeisen, Gurt, Nägel. Ein Zelt ist auf jeden Fall den äußerst primitiven und oft belegten Hütten vorzuziehen. Für eine Übernachtung am Lac Gris auf der zairischen Seite ist ein Zelt notwendig.
Anreise: Goma liegt zwei Flugstunden von der Hauptstadt Kinshasa entfernt. Auf den Flugplan ist kein Verlaß. Die Anreise von Kigali/Ruanda ist bis auf weiteres aufgrund des Bürgerkrieges nicht möglich. Für die 400 km zwischen Goma und Beni über schlechte Piste müssen über zwanzig Stunden einkalkuliert werden, sofern sie überhaupt befahrbar ist. Wer einen Platz im Flugzeug ergattert, benötigt – theoretisch! – eine Stunde. Von Beni geht es 50 km weit über eine Piste zum Dorf Mutwanga (1150 m; theoretisch! in 3 Stunden zu schaffen). Im nahegelegenen Mutsora ist die Parkverwaltung. Das Sicherheitsrisiko ist aufgrund der Flüchtlingssituation extrem – man sollte keinesfalls allein reisen. Von Uganda ist es einfacher: Die 411 km über befestigte Straße zwischen Kampala und Kasese sind in 7-8 Stunden zurückzulegen; von dort

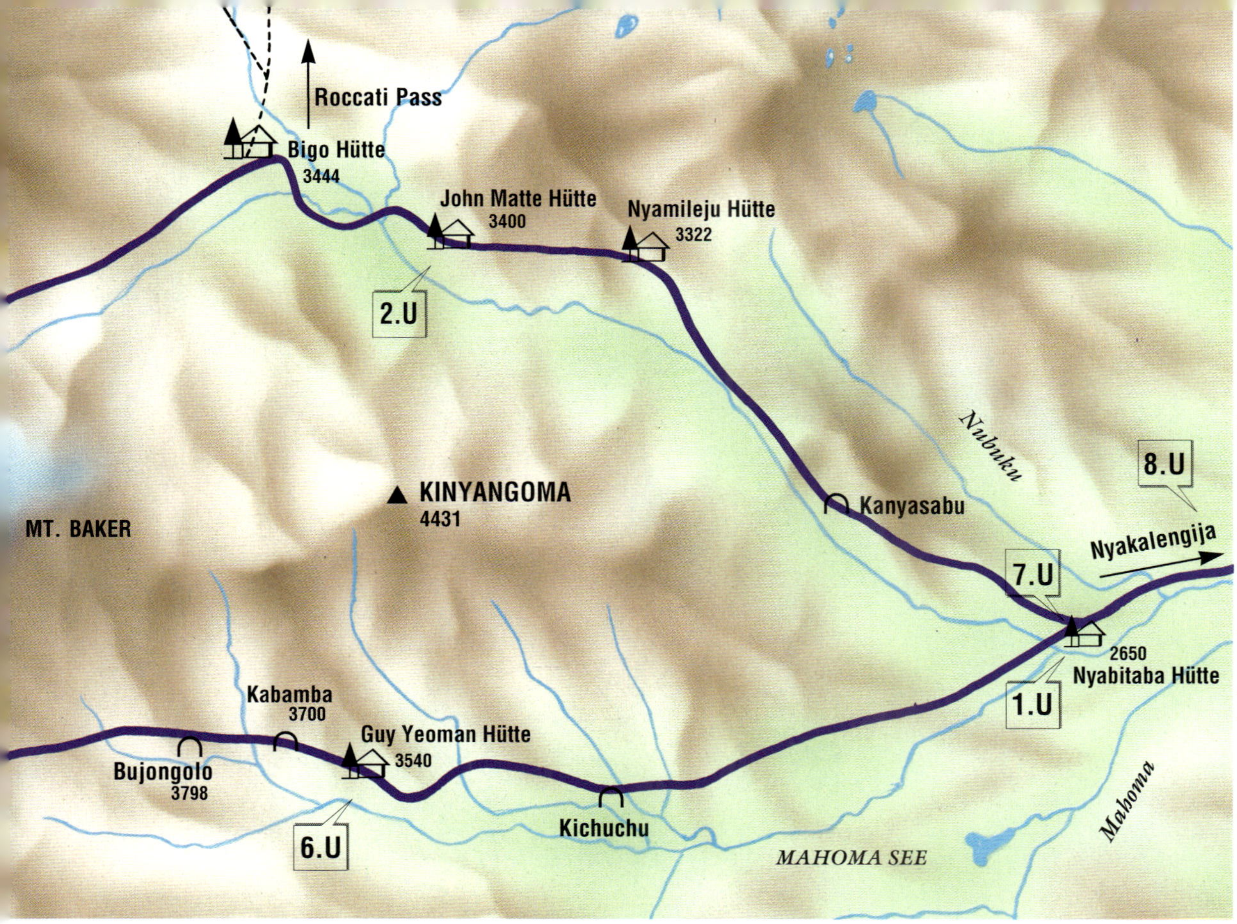

91 oben *Der anstrengende, aber faszinierende Steig zu den Gletschern des Mount Stanley führt durch feuchte und neblige Hochsteppen.*

geht es schnell nach Ibanda und zum Anfang des Nyakalengija-Weges. Es gibt eine Flugverbindung von Kampala nach Kasese. Die Eisenbahn ist langsam, aber ein Erlebnis für sich.
Führer und Träger: Auf beiden Seiten können Träger ohne Probleme angeheuert werden. In Zaire ist die Begleitung eines Rangers, dessen Verpflegung vom Trekker bezahlt werden muß, Pflicht. In Zaire wurde ein Ausbildungsprogramm für Führer auf den Pic Margherite gestartet, bald aber wieder aufgegeben. Dessen Teilnehmer können über Felsen und Gletscher führen. Auf der ugandischen Seite sollte beim Ruwenzori Mountaineering Service angefragt werden.
Umwege und Gipfel: Anders als der Kilimanjaro und der Mount Kenya ist der Ruwenzori eine Bergkette aus sechs Bergen. Unter den Nebengipfeln sind die beliebtesten der leichte Moebius (4900 m), der elegante Pic Alexandra (5097 m) neben dem höchsten Gipfel und besonders der Victor Emmanuel-Gipfel (4901 m), der höchste Gipfel des Mount Speke, der von der Bujuku-Hütte auf der ugandischen Seite erreicht werden kann.
Notfälle: Es gibt keinen Rettungsdienst. Die Bergung Verletzter ist aufgrund der einsamen Lage und der schlechten Wege schwierig. Bei Höhenkrankheit sollte man schnell über die steilen Pfade absteigen.
Karten: Der Ruwenzori ist auf den Blättern 65/II Margherite und 65/I Mubuku (1:50 000) sowie Central Ruwenzori (1:25 000), herausgegeben vom Department of Land and Survey of Uganda. Der Mountain Club of Uganda gab 1972 den Guide to the Ruwenzori heraus.

91 unten *Dieser Heidewald ist typisch für den Ruwenzori. Hier ist eine Gruppe auf der zairischen Seite zwischen der Mahangu- und der Kyondo-Hütte unterwegs. Fotos: Marco Majrani*

Von Zaire

1. TAG
von Mutwanga zur Kalongi-Hütte
Höhenunterschied: Aufstieg 1100 m, Abstieg 100 m
Dauer: 5 Stunden

Der erste lange, aber nicht allzu anstrengende Abschnitt bereitet ein Problem: Er ist der Sonne ausgesetzt und kann aufgrund der nötigen Vorbereitungen erst mittags gegangen werden. Vom Dorf Mutwanga verläuft ein guter Weg bergan durch Elefantengras und vorbei an Bauernhütten. In 1600 m wird der Rand des herrlichen tropischen Bergwaldes erreicht. Im Zickzack geht es dann über zahlreiche Flüsse und Bäche und anschließend ständig bergan zu einer großen Terrasse und der Kalongi-Hütte (2150 m).

92 oben *Ein Ranger auf dem Weg zwischen der Kalongi- und der Mahangu-Hütte im Virunga-Nationalpark. Diese Riesen-Heidegewächse sind ein häufiger Anblick am Ruwenzori.*
Foto: Marco Majrani

92 Mitte *Zwischen der Mahangu- und der Kiondo-Hütte endet der Heidewald in etwa 3500 Meter Höhe und macht niedrigeren Gewächsen Platz.*
Foto: Marco Majrani

92 unten *Zwei Wanderer kommen an der Kalongi-Hütte (2750 m) an, der ersten Hütte auf zairischer Seite beim Aufstieg auf den Ruwenzori.*
Foto: Stefano Ardito

93 oben *Die Mahangu-Hütte stammt noch aus belgischer Kolonialzeit. Sie steht auf einem schönen Grasplateau in 3320 Meter Höhe.*
Foto: Stefano Ardito

93 Mitte oben *Ein Gruppe von Wanderern unterwegs zur Mahangu-Hütte.*
Foto: Stefano Ardito

93 Mitte unten *Der Lac Vert (4200 m) inmitten herrlicher Vegetation ist einer der schönsten Seen am Ruwenzori. Er liegt auf dem Weg zum Mount Stanley.*
Foto: Marco Majrani

93 unten *Am Ende des dritten Tages erreicht man die Kiondo-Hütte in 4200 Meter Höhe. Im Hintergrund befindet sich der wolkenverhangene Mount Speke.*
Foto: Stefano Ardito

2. TAG
von der Kalongi-Hütte zur Muhungu-Hütte
Höhenunterschied: Aufstieg 1160 m
Dauer: 4 Stunden

Dies ist ein anstrengender Abschnitt, wo der Weg ständig zu einer herrlichen Natur-Terrasse und zur Muhungu-Hütte in Sichtweite des Mount Stanley ansteigt. Zuerst geht es kurz über den Berg zu einem steilen Rücken inmitten von Wäldern. Nach etwa 1 Stunde halten die Träger an, um ihren Göttern ein Opfer zu bringen. Weiter geht es steil bergan über einen immer sumpfigeren Weg durch die herrlichen Heide„bäume“ und über dicke Moosteppiche, bis man die Muhungu-Schutzhütte erreicht (3320 m). Von hier müssen die Träger fast 150 m tief absteigen, um Wasser zu besorgen.

3. TAG
von der Muhungu-Hütte zur Kyondo-Hütte
Höhenunterschied: Aufstieg 840 m
Dauer: 3-4,5 Stunden

Der Weg ist zwar kürzer und nicht so steil wie der gestrige Abschnitt, aber die Höhe macht sich nun bemerkbar. Geübte Gruppen können direkt weiter bis zu den Seen gehen. Ansonsten sollte man den Sonnenuntergang vom Wasuwameso-Rücken genießen. Von der Muhungu-Hütte führt der Pfad zunächst durch die letzten Heidepflanzen und dann durch Kreuzkrautsträucher und Lobelien, wobei man mehrmals durch sumpfiges Gelände hindurch muß. Ein steiler Pfad führt dann zur Kyondo-Hütte (4150 m; 3 Stunden), die im Gegensatz zu den anderen ein Steinbau ist. Von dort geht ein Weg durch Steine und Vegetation zum Wasuwasemo-Gipfel (4400 m; 1,5 Stunden hin und zurück.

94 links Der in 4200 Meter Höhe liegende Lac Vert ist einer der schönsten Punkte auf dem Weg von der Kiondo-Hütte zum Mount Stanley. Foto: Stefano Ardito

94 rechts Eine Trekker-Gruppe hat am Lac Gris (4300 m) ihr Lager aufgeschlagen. Foto: Stefano Ardito

95 oben links Am Lac Gris beginnt der Aufstieg auf die Gipfel von Mount Stanley, Margherite und Alexandra. Foto: Marco Majrani

4. TAG
von der Kyondo-Hütte zum Lac Gris
Höhenunterschied: Aufstieg 300 m, Abstieg 150 m
Dauer: 2 Stunden

Wer nicht über den Gletscher geht, kann nach diesem kurzen Stück bereits den Abstieg beginnen. Bei Regen ist hier Vorsicht geboten. Hinter der Kyondo-Hütte verläuft der Pfad über die steilen Hänge des Wasuwameso, wo Rutschgefahr besteht. Auf die dort vorhandenen Seile sollte man sich nicht verlassen. Anschließend geht es im Zickzack durch Lobelien und Kreuzkraut, wobei man eine schöne Sicht auf den herrlichen Lac Vert und weiter oben auf den Lac Gris (4300 m) hat. Hier

kann man in Sichtweite des Mount Stanley campen. Alternativ kann man weitergehen bis zur aufgegebenen Moraine-Hütte (4500 m, 1,5 Stunden hin und zurück) auf einem landschaftlich reizvollen, aber stürmischen Sattel.

5. TAG
vom Lac Gris zum Pic Margherite und zurück
Höhenunterschied: 800 m
Dauer: 8-10 Stunden

Die Besteigung des höchsten Ruwenzori-Gipfels ist zwar technisch nicht schwierig, führt aber über schwieriges Gelände und ist daher nur etwas für Bergsteiger. Etwa 1 Stunde geht es über einen Steig und dann über eine Moräne zur Basis des Stanley-Gletschers. Hierüber geht es sehr steil (50°, bei frischem Eis sehr schwierig!) und dann über breite Abhänge am Fuß im Süden des Pic Alexandra zum Stanley-Plateau (4850 m). Von dort geht es hinab zum Fuß der Alexandra-Felsen und in einer kurzen Kletterei durch eine Eisklamm zwischen den beiden Gipfeln. Oben kann man wählen zwischen dem wie mit Eisblumen verzierten Gipfel, der direkt zum Pic Margherite führt (der traditionelle Weg, aber mit Abnahme des Schnees immer schwieriger), oder dem Aufstieg zwischen den beiden Hauptgipfeln und einem anschließenden kurzen, aber steilen Stück zum 5119 m hohen Gipfel. Der Rückweg ist derselbe – aber Vorsicht vor herabfallenden Steinen und Eisbrocken, die sich durch die Sonne am Südhang des Pic Alexandra lösen können!

6. TAG

vom Lac Gris zur Muhungu-Hütte
Höhenunterschied: Aufstieg 100 m, Abstieg 1250 m
Dauer: 5 Stunden

Man verläßt die Moräne am Fuß des Mount Stanley und kehrt über die Kyondo-Hütte zur Muhungu-Hütte zurück. Dort hat man einen letzten Sonnenuntergang mit Blick auf die höchsten Ruwenzori-Gipfel. Der Abstieg erfolgt wie der Aufstieg.

95 unten rechts
Hinter dem Stanley-Plateau erhebt sich die felsige Moebius-Spitze (4850 m). Hier treffen die Steige von zairischer und ugandischer Seite zusammen.
Foto: Stefano Ardito

95 oben rechts
Zwei Bergsteiger am Stanley-Gletscher beim Aufstieg auf den höchsten Gipfel des Ruwenzori. Im Hintergrund erhebt sich der felsige Gipfel des Wasuwameso.
Foto: Stefano Ardito

95 unten links
Grashänge um die Mahangu-Hütte.
Foto: Marco Majrani

7. TAG

von der Muhungu-Hütte nach Mutwanga
Höhenunterschied: Aufstieg 100 m, Abstieg 2260 m
Dauer: 6,5 Stunden

Dieser lange Abschnitt ist steil und sumpfig. Es geht zurück in den Wald und in besiedelte Regionen. Der Abstieg erfolgt wie der Aufstieg, wobei der anstrengendste Abschnitt der hinter der Kalongi-Hütte durch den Wald ist.

Von Uganda

96 oben links Der erste Abschnitt des Weges verläuft entlang des Flusses Mubuku, in dem sich das Wasser auf der Ostseite des Ruwenzori sammelt.

96 unten links
Eine Gruppe von Wanderern ist auf dem Abstieg vom Freshfield Pass durch das wilde Mobuku-Tal, der 1906 vom Herzog von Abruzzen und seinen Führern begangen wurde.

1. TAG
von Nyakalengija zur Nyabitaba-Hütte
Höhenunterschied: Aufstieg 1000 m
Dauer: 5 Stunden

Dieser recht lange und anstrengende Abschnitt führt durch die herrlichen Wälder auf der ugandischen Seite des Ruwenzori. Der Weg beginnt bei

den kleinen Bohnen-, Bananen- und Kaffeepflanzungen und führt anschließend durch Elefantengras und dann im Zickzack entlang des Mubuku River durch rutschiges Gelände. Nach der Überquerung zweier Wasserläufe geht es für über eine Stunde fast eben weiter und vorbei am Mahoma-See. Dahinter führt der Steig steil bergan über einen Rücken zur Nyabitaba-Hütte (2650 m), die kürzlich renoviert wurde. Kurz vor der Hütte kommt man an kleinen Altaren vorbei, die von den einheimischen Jägern und Trägern zur Anbetung der Götter des Ruwenzori errichtet wurden. Kurz vor der Hütte gibt es auch eine natürliche geschützte Stelle.

2. TAG
von der Nyabitaba-Hütte zur John Matte-Hütte
Höhenunterschied: Aufstieg 850 m, Abstieg 100 m
Dauer: 6 Stunden

Wie auch auf der zairischen Seite ist der Weg durch die Heide- und Moos-Vegetation der anstrengendste Teil der Tour. Vom Rücken geht es zunächst steil hinunter zum Mubuku River, der auf einer neuen Brücke überquert wird (die alte Brücke wurde vom Hochwasser weggerissen). Es folgt ein steiles Stück und dann etwa 1 Stunde lang ein einfaches Stück durch Bambus, vorbei an einer geschützten Stelle namens Kanyasabu. Daran schließt sich ein langes, anstrengendes, steiles Stück durch schlammiges Gelände und durch große Felsen an. Wenn man dann in dem Heidewald ist, ist es nicht mehr weit zur primitiven Nyamileju-Hütte (3322 m) und zu einer großen Höhle. Eine weitere Wegstunde führt zur neuen und bequemen John Matte-Hütte (3400 m).

3. TAG
von der John Matte-Hütte zur Bujuku-Hütte
Höhenunterschied: Aufstieg 750 m, Abstieg 100 m
Dauer: 5 Stunden

Dieses relativ lange Stück ist zwar nicht sehr steil, aber das Gelände ist äußerst schwierig: Man muß durch zwei ausgedehnte Moorgebiete vor und hinter der Bigo-Hütte. Zunächst geht es den Fluß entlang durch schöne Heidelandschaft und dann durch offenes Gelände zum ersten Moor, dem Lower Bigo Bog. Man überquert den Fluß und muß nun einen „Weg" zur Bigo-Hütte (3444 m) suchen, wo der Steig zum Paß zwischen dem Mount Emin und dem Mount Gessi rechts (nördlich) abbiegt. Unser Weg geht an den Felshängen des Mount Stanley vorbei durch das Upper Bigo Bog (oder Kibatsi-Sumpf), am schönen Bujuku-See entlang bis zur Cooking Pot Cave („Kochtopfhöhle" oder Bujuku-Höhle) und bergan zur Bujuku-Hütte (3962 m). Von hier kann man in einem Tag den Victor Emmanuel-Gipfel (4731 m; Bergsteigererfahrung!; 8 Stunden hin und zurück), den höchsten Gipfel des Mount Speke, besteigen.

97 links *In den letzten Jahren wurden einige solide Metallbrücken über den tückischen Mobuku gebaut.*

97 oben rechts *Zwei Trekker überqueren das Sumpfgebiet des Upper Bigo (3500 m), ein schwieriger Abschnitt auf dem Weg von ugandischer Seite auf den Ruwenzori.*

97 unten *Zwischen der Cooking Pot Cave und dem Bujuku-See zweigt in etwa 3800 Meter Höhe der Pfad zur Bujuku-Hütte vom Pfad zur Elena-Hütte und auf den Mount Stanley ab.*
Fotos: Cl. Jaccoux/Agentur Freestyle

96 oben rechts *Die Straße von Ibanda nach Nyakalengija und der Steig von ugandischer Seite auf den Ruwenzori verlaufen durch Felder und Obstgärten.*

96 unten rechts *In den unteren Höhenlagen des Ruwenzori-Waldes wird häufig durch Brandrodung neues Ackerland gewonnen.*

4. TAG

von der Bujuku-Hütte zur Elena-Hütte
Höhenunterschied: Aufstieg 550 m
Dauer: 3 Stunden

Die kleine Elena-Schutzhütte oberhalb der Gletscher des Mount Stanley ist der höchste zugängliche Punkt auf der ugandischen Seite des Ruwenzori für diejenigen, die nicht über die Gletscher gehen wollen. Diese Wanderer können zur Hütte

und am selben Tag weiter nach Kitandara gehen; die Träger steigen zum Übernachten zur Bujuku-Hütte hinunter. Zunächst geht es von der Cooking Pot-Höhle durch einen steilen Einschnitt zwischen Felsen und Kreuzkraut mit leichten Felsstellen, wovon eine Trittstufen aus Metall hat. Vor dem Scott Elliot-Paß geht es quer nach rechts zum Fuß einer Felsenreihe, am Camp von 1906 vorbei und durch Felsen zur Elena-Hütte (4542 m) unweit des Gletschers.

5. TAG

von der Elena-Hütte zum Pic Margherite und zurück
Höhenunterschied: 720 m
Dauer: 6-8 Stunden

Von der Schutzhütte geht es über die leichten Hänge des östlichen Stanley-Gletschers. Hier muß man sich rechts halten, um einige große Gletscherspalten zu umgehen. Man erreicht ohne Schwierigkeiten das Stanley-Plateau, den breiten Sattel (4850 m) zwischen dem Alexandra- und dem Moebius-Gipfel und geht weiter über die schon beschriebene Route zum Margherite-Gipfel (5119 m). Der Abstieg erfolgt genauso.

6. TAG

von der Elena-Hütte zur Guy Yeoman-Hütte
Höhenunterschied: Aufstieg 400 m, Abstieg 1200 m
Dauer: 7 Stunden

Dieser Abschnitt führt an der Bujongolo-Höhle vorbei, wo die Expedition des Herzogs von Abruzzen ihr Basislager eingerichtet hatte. Man kann die Strecke in zwei Etappen gehen, wobei man bei den herrlichen Zwillingsseen von Kitandara übernachten kann, unterhalb des Mount Baker. Zunächst geht es hinunter und dann nach rechts (südlich) zum Scott Elliot-Paß (4327 m), von wo man in südlicher Richtung zum Fuß des Mount Baker und zum ersten Kitandara-See absteigt. Dieser wird umrundet und bald die Kitandara-Hütte (4023 m) beim zweiten See erreicht. Nun geht es steil und anstrengend hinauf zum Freshfield-Paß (4326 m) und anschließend steil hinab zum Mobuku-Tal. Man überquert einen kleinen Rücken, steigt hinab zur Bujongolo-Höhle (3798 m) und zur Kabamba-Höhle (3700 m) und zu den schönen Kabamba-Wasserfällen mit der neuen Guy Yeoman-Hütte (3540 m).

7. TAG

von der Guy Yeoman-Hütte zur Nyabitaba-Hütte
Höhenunterschied: Abstieg 950 m
Dauer: 5 Stunden

Dieses ziemlich lange Stück führt hinunter ins tiefe, wilde Mobuku-Tal, wobei man einige steile, exponierte und rutschige Abschnitte beim Abstieg passieren muß. Wenn der Wasserstand zu hoch ist, ist der Abschnitt unpassierbar. Zunächst geht es steil und durch Sumpf hinab, bei Buamba (3518 m) über den Fluß nach rechts und dann wieder steil am Fluß entlang hinunter, wobei man einige exponierte Stellen zu der etwas geschützten Stelle namens Kichuchu passiert. Hier ist das Schlimmste vorbei. Gemächlicher geht es durch Bambus und wieder durch den Mobuku River (3200 m). Ein langes, aber leichtes Stück über einen Rücken folgt vor dem letzten Abstieg zur Nyabitaba-Hütte.

98 oben links *Der Steig zur Elena-Hütte verläuft durch eine rauhe Felslandschaft.*

98 unten links *Vor Erreichen des Scott-Eliott-Passes verläuft der Steig auf den Mount Stanley durch üppige Vegetation.*

98 oben rechts *Zwischen der Bujuku- und der Elena-Hütte geht es stellenweise über Leitern.*

98 unten rechts *Die Elena-Hütte (4500 m) ist der Ausgangspunkt für den Aufstieg auf das Stanley-Plateau und die Gipfel Margherite und Alexandra.*

99 oben links *In etwa 4000 Meter Höhe, am Ende des Mobuku-Tals, erreicht man die beiden schön gelegenen Kitandara-Seen.*

99 unten links *Ein Trekker steigt den steilen Pfad vom Freshfield Pass zur Bujongolo- und Kabamba-Schutzhütte sowie zu dem gleichnamigen Wasserfall hinab.*

8. TAG

von der Nyabitaba-Hütte nach Nyakalengija
Höhenunterschied: Abstieg 1000 m
Dauer: 3 Stunden

Der letzte Abschnitt verläuft wie auf dem Hinweg am rechten Flußufer durch Felder, Pflanzungen und zur Straße.

99 oben rechts *Zwischen der Gui Yeoman- und der Nyabitaba-Hütte verläuft der Weg durch das Mobuku-Tal durch einige rutschige und teilweise heikle Abschnitte.*

99 unten rechts *Zwei Trekker sind unterhalb einer Felswand beim Aufstieg durch das Mobuku-Tal.*
Fotos: Cl. Jaccoux/ Agentur Freestyle

Virunga – die Vulkane der Gorillas

Lava, Wälder und die Menschenaffen im Grenzgebiet von Zaire, Ruanda und Uganda

„Jedem Ausbruch folgte ein Augenblick Stille. Braune und blaue Rauchschwaden stiegen spiralförmig empor, während ein ohrenbetäubendes Grollen den Vulkan erschütterte. Die Nerven kamen nicht zur Ruhe, so schnell folgte ein Erzittern dem andern – Explosion, weißes Glühen, und wieder ein Ausbruch. Wie Geschosse wurde die Lava hinausgeschleudert."

So beschrieb im Frühjahr 1948 Haroun Tazieff, einer der berühmtesten Vulkanologen, den Ausbruch des Kituro, eines Vulkankegels, der sich einige Wochen zuvor am Fuß des Nyamulagira und des Nyiragongo unweit des Kivu-Sees im Kongo – heute Zaire – gebildet hatte. Sein 1951 erschienenes Buch *Cratères en feu* (Krater im Feuer), das hierüber berichtet, ist heute ein Klassiker der Vulkanologie.

Die Vulkane, die entlang des großen Grabenbruchs in den Wäldern im Grenzgebiet von Uganda, Ruanda und Zaire liegen, faszinieren nicht nur durch ihre Ausbrüche. Der 3462 Meter hohe Nyiragongo erhebt sich majestätisch über der ostzairischen Stadt Goma und dem Seeufer. Vor den Bürgerkriegen war der Pfad hinauf sehr beliebt. Ein fünfstündiger Anstieg ermöglicht einen Blick über einen über 500 Meter breiten Einsturzkrater mit fast 200 Meter hohen Wänden und oft weißglühender Lava.

Der weiter nördlich in den Wäldern des Virunga-Nationalparks liegende Nyamulagira ist nicht so hoch – „nur" 3062 Meter –, dafür aber aktiver. Der Hauptkrater wird in einem eineinhalbtägigen Marsch von der Straße Goma – Rwindi – Beni erreicht und bietet ein weiteres imposantes Naturschauspiel. Neben dem Vulkan ist eine Reihe von Nebenkratern, Spalten und erstarrten Lavaströmen, die zeigen, daß dieser Vulkan noch längst nicht erloschen

100 Von den Einheimischen wird der 3634 Meter hohe Sabinyo-Gipfel „Vater mit den großen Zähnen" genannt. Er ist einer der spektakulärsten im Virunga-Gebiet. Foto: Geoffrey Roy/ Agentur Freestyle

101 Ein Treffen mit einem Silberrücken, einem erwachsenen Gorilla-Männchen, ist einer der aufregendsten Momente einer Wanderung im Virunga-Gebiet. Foto: Camerapix

ist. Der letzte Ausbruch am Kitzangurwa-Krater erfolgte im Juli 1986. Neun Jahre zuvor fielen der Lava des Rugarambiro Hunderte von Menschen in den umliegenden Dörfern zum Opfer.

In Kinyarwanda, einer der meistgesprochenen Sprachen dieser Region, bedeutet das Wort Virunga „Feuerstelle" und bezeichnet alle Berge vulkanischen Ursprungs. So erhielt die ganze Region nördlich des Kivu-Sees diesen Namen. Östlich des Nyiragongo und des Kibati-Passes erstreckt sich die Bergkette weiter mit Vulkan-Gipfeln, die seit Jahrhunderten inaktiv sind. Ihre Höhe, Schönheit und die dichten Wälder an ihren Hängen waren sehr beliebte Trekking-Ziele.

Der beeindruckende Mikeno liegt in Zaire oberhalb der Straße Goma – Beni, die von den Belgiern in den dreißiger Jahren angelegt wurde. Der 4437 Meter hohe, von vielen Bergsteigern „Matterhorn von Afrika" genannte Mikeno – was auf Kinyarwanda „der Trostlose" bedeutet – war bereits Ende des letzten Jahrhunderts Ziel von Erforschern und Bergsteigern. In den zwanziger Jahren mußte König Albert von Belgien bei seiner Besteigung aufgeben.

Als erster erreichte Pater Van Hoef von der nahegelegenen Mission Lulenga 1927 den Gipfel. 20 Jahre später traf der kanadische Bergsteiger Earl Denman dort ein. Er sollte sich durch seinen Versuch 1947, den Everest mit nur zwei Begleitern zu besteigen, einen

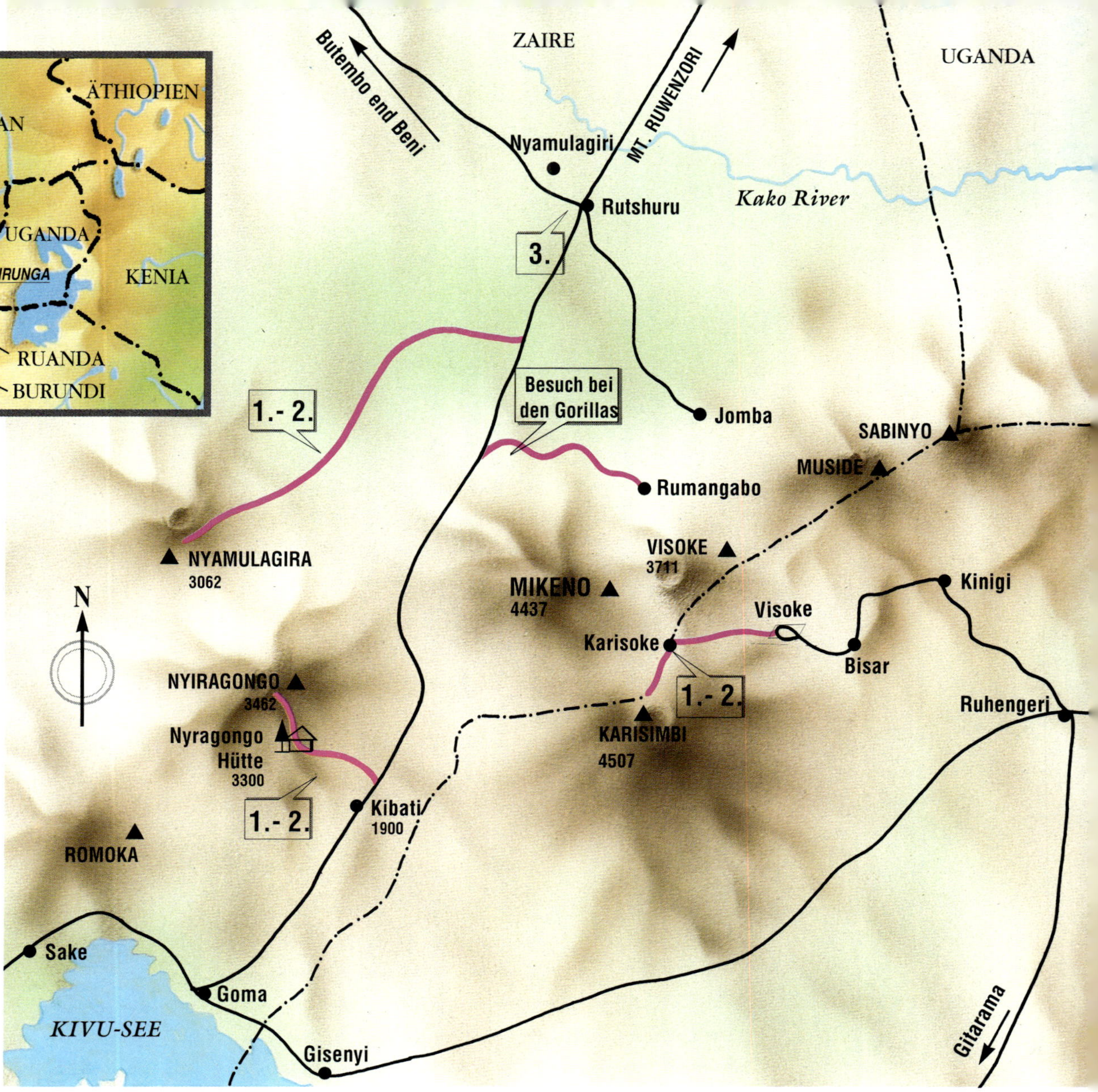

103 Hinter den von Gorillas bewohnten Regenwäldern erheben sich die Virunga-Gipfel. Foto: Marcello Bertinetti/White Star Archiv

Nützliche Informationen

Aufgrund der politisch instabilen Lage in Zaire und Ruanda und der Übervölkerung der Region mit Flüchtlingen ist ein Besuch der zairischen und ruandischen Teile riskant. Man sollte unbedingt die diesbezüglichen Empfehlungen des Auswärtigen Amtes beachten.
Dauer: Aufstieg auf den Nyiragongo zwei Tage, auf den Nyamulagira drei Tage. Gorillas können im Gebiet von Jomba beobachtet werden.
Höhe: 1600-4507 m
Zeit: In den am wenigsten feuchten Zeiten („Trockenperioden“ wäre völlig übertrieben!) von Dezember bis Mitte März und von Juni bis September. In den Virunga-Bergen und auf dem nahe gelegenen Ruwenzori ist allerdings immer Regenzeit. Besonders der Karisimbi ist berüchtigt für unerwartete Schneestürme.
Formalitäten: In allen Ländern besteht Visumpflicht. Die Erlaubnis für die Besteigung des Nyiragongo und des Nyamulagira wird im Büro des Virunga-Nationalparks erteilt, die für den Vulkan-Nationalpark in Ruhengeri/Ruanda – vorher unbedingt aktuellen Sachstand erfragen! Der Zutritt zum Bwindi-Nationalpark und zum Kiezi-Gorillareservat (beide in Uganda) wird strikt kontrolliert. Frühzeitige Buchung ist unerläßlich.
Schwierigkeitsgrad: Es bestehen keine technischen Schwierigkeiten, jedoch muß sehr – besonders am Nyamulagira – auf mögliche Ausbrüche geachtet werden.
Kondition: durchschnittlich
Ausrüstung: Normale Trekking-Ausrüstung. Die primitiven Schutzhütten am Nyamulagira und Nyiragongo machen ein Zelt überflüssig, nicht jedoch am Karisimbi. Schlafsack, Matte und Regenschutz sind überall nötig.
Anreise: Achtung! Aufgrund der derzeitigen Situation sind alle Verkehrsverbindungen unverläßlich und müssen vorher recherchiert werden. Selbst Angaben offizieller Stellen sind mit Vorsicht zu genießen. Besonders Einzelreisende sind einem extrem hohen Sicherheitsrisiko ausgesetzt. Goma ist theoretisch mit dem Flugzeug von Kinshasa oder über die Straße von Ruanda zu erreichen. Ruhengeri auf der ruandischen Seite der Vulkane ist 90 Kilometer von der Hauptstadt Kigali entfernt. Von Goma führt eine Piste nach Kibati und Rushuru, von wo man Jomba und Nymulagira erreichen kann. Von Ruhengeri geht es nach Kinigi, Bisate und dem Visoko-Eingang zum Vulkan-Nationalpark. Jede Strecke sollte, sofern derzeit überhaupt möglich,

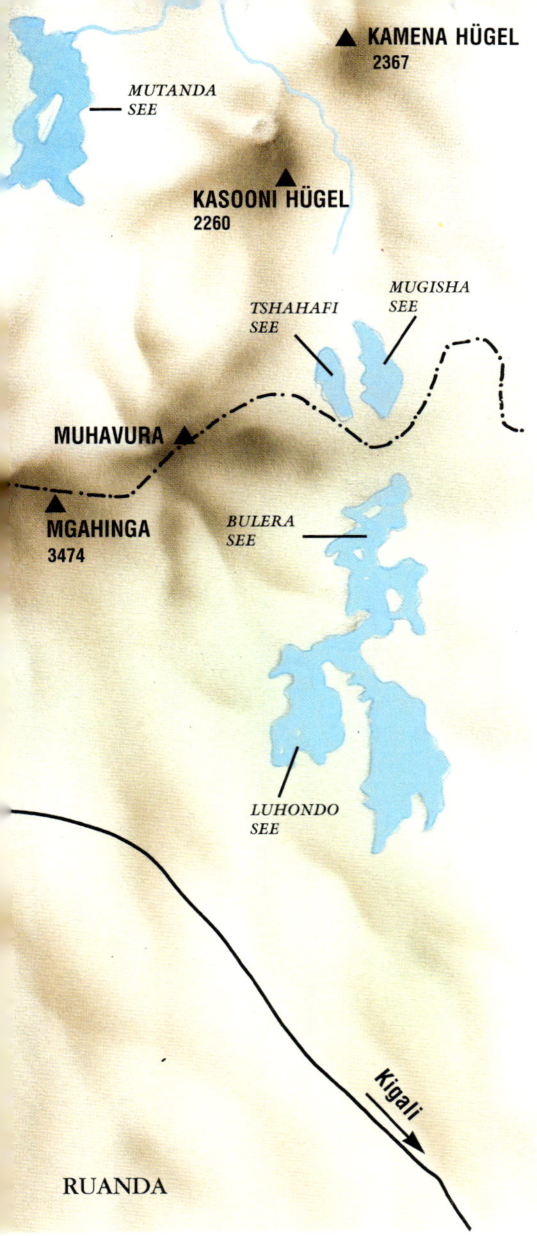

nur in einer organisierten Gruppe befahren werden.
Führer und Träger: Wanderungen sind nur in Begleitung des Rangers erlaubt. Träger können angeheuert werden. Besuche der Gorilla-Reservate sind nur in kleinen Gruppen erlaubt. Absolut stilles Verhalten wird verlangt.
Umwege und Gipfel: In Ruanda führen Pfade durch den Wald auf den Visoke (3711 m), Sabinyo (3634 m), Muhavura (4227 m) und Mgahinga (3474 m). Die Besteigung des Mikeno (4437 m) in Zaire ist am anspruchsvollsten.
Notfälle: Die Wege sind relativ kurz, um Verletzte zu bergen. Es ist derzeit jedoch nicht davon auszugehen, daß einem Verletzten adäquate Hilfe geleistet werden kann!
Karten: gibt es nicht.

Namen machen. Ihm gelang die Besteigung aller acht Hauptvulkane. Denman überwand die extrem steilen Schlamm- und Felshänge des Mikeno „auf die einfachste Weise: barfuß, indem er sich bei Regen und Nebel nur mit Shorts und einem dünnen Hemd bekleidet vorwärtstastete".
Im Osten des Mikeno markiert der genauso wilde Sabinyo (3634 m), „der alte Mann mit den großen Zähnen", den Dreiländerpunkt von Zaire, Ruanda und Uganda. Noch weiter östlich erheben sich zwischen Ruanda und Uganda der Mgahinga (3474 m) und der Muhavura (4227 m), die schon von der Expedition von Speke und Grant zum Viktora-See im Jahr 1861 gesichtet wurden. Zwischen Ruanda und Zaire erheben sich der Visoke (3711 m) mit einem herrlichen See im Gipfelbereich und der mächtige Karisimbi, mit 4507 Metern der höchste Gipfel des Virunga-Parks und der sechsthöchste afrikanische Berg nach Kilimanjaro, Mount Kenya, Ruwenzori, Ras Dashen und Meru. An den Hängen des Karisimbi und des Sabinyo sind die faszinierendsten und seltensten Tiere Afrikas und vielleicht der ganzen Welt anzutreffen.
Der Gorilla *(Gorilla gorilla beringei)* ist ein sehr starkes und an die dichten Wälder des Virunga hervorragend angepaßtes Tier. Er wurde erst 1902 von dem Ingenieur Oscar Beringe entdeckt, und die heute noch überlebenden 300 Exemplare sind in äußerster Ausrottungsgefahr durch Wilderei. 1959 machten zwei amerikanische Wissenschaftler die Welt auf diese Bedrohung aufmerksam. George Schaller studierte sie von 1959 bis 1962. Er gewöhnte die Tiere an die Anwesenheit von Menschen und klagte die Wilderer an. 1967 ging die Wissenschaftlerin Dian Fossey, inspiriert durch Schallers Veröffentlichungen, in das Habitat der Gorillas. Der Bürgerkrieg im Kongo zwang sie zu einer sechsmonatigen Unterbrechung ihrer Arbeit. Sie mußte nach Ruanda gehen, wo sie in den nächsten dreizehn Jahren in Karisoke, einer Siedlung zwischen dem Karisimbi und dem Mikeno, weiterarbeitete. Sie entwickelte eine große Zuneigung zu den Tieren und setzte sich leidenschaftlich für ihren Schutz ein.
Am 27. Dezember 1987 wurde Dian Fossey nach einer Reihe von Konferenzen in Karisoke unter mysteriösen Umständen ermordet. Ihr Wille war, auf einem kleinen Friedhof in der Nähe ihrer geliebten Gorillas begraben zu werden. Ihr Buch *Gorillas in the Mist* wurde 1988 verfilmt und erweckte ein weltweites Interesse für diese außergewöhnlichen Tiere.
Die schlimmen Bürgerkriege in diesem Gebiet tragen leider zur rapiden Ausrottung der Tiere bei. Der Anblick einer Gorilla-Familie und besonders eines Silberrücken, eines ausgewachsenen männlichen Tieres von über 200 Kilogramm Gewicht, ist eines der aufregendsten Erlebnisse – und inzwischen leider auch eines der seltensten.

Ein Besuch bei den Gorillas von Jomba oder Rumangabo

Es gibt zwei Ausgangspunkte für einen Besuch des Gorilla-Waldes in Zaire. Der bekanntere, Jomba, kann mit Geländefahrzeugen erreicht werden. Er verfügt über eine Lodge und ein kleines Besucherzentrum. Eine Wanderung durch den Gorilla-Wald dauert normalerweise zwei bis vier Stunden. Rumangabo wird in einer vierstündigen Wanderung erreicht. Die Dauer der Wanderung durch den Wald schwankt stark. An beiden Orten ist die Besucherzahl begrenzt.

Nyiragongo

1. TAG

von Kibati zur Nyiragongo-Hütte
Höhenunterschied: Aufstieg 1400 m
Dauer: 4,5 Stunden

Die mächtige Silhouette des Nyiragongo beherrscht Goma und das Nordufer des Kivu-Sees. Der Pfad auf den Berg wird über die Straße Rwindi – Butembo – Beni bei der Siedlung Kibati (1900 m, 13 km von Goma) erreicht. Hier können Führer und Träger angeheuert und müssen die Formalitäten erledigt werden. Den Pfad geht es entlang mit Hilfe einer Machete in den Wald, der allmählich ansteigt. Man passiert einige Fumarolen und gelangt über steilere, mit Heidekraut bewachsene Hänge zu zwei Metall-Schutzhütten in der Nähe des Kraters.

104 oben *Die von den Belgiern in den 30er Jahren angelegte Straße zwischen Goma, Butembo und Beni ist durch Erdrutsche und Schlamm in einem katastrophalen Zustand. Foto: Geoffrey Roy/Agentur Freestyle*

104 Mitte *Ein Trekker-Gruppe schlägt sich durch den dichten Regenwald im Nationalpark auf der ruandischen Seite des Virunga. Foto: Geoffrey Roy/Agentur Freestyle*

104 unten *In etwa 3000 Meter Höhe verlaufen der Pfad von Kibati und die Straße Goma – Beni in der Nähe des Nyiragongo-Kraters durch ein Gebiet voller Fumarolen. Foto: Stefano Ardito*

2. TAG
von der Hütte zum Nyiragongo-Krater und nach Kibati
Höhenunterschied: Aufstieg 100 m, Abstieg 1550 m
Dauer: 4 Stunden

Der Anstieg von den Hütten zum Krater dauert eine halbe Stunde. Bei einem Ausbruch sollte man nachts gehen, um sich das Naturschauspiel der flüssigen Lava im Kratergrund nicht entgehen zu lassen. Eine Umrundung des Kraters führt über einige schwierige Stellen und dauert 1,5 Stunden. Der Abstieg erfolgt über den gleichen Weg wie beim Aufstieg.

104-105 *Am Rand des imposanten Nyiragongo-Kraters (3462 m). Foto: Stefano Ardito*

106 oben *Der Bambus an den Virunga-Hängen ist nicht nur für Botaniker von Interesse, sondern auch für die hier lebenden Gorillas.*
Foto: David Keith Jones/Images of Africa Photobank

106 Mitte oben
Bevor sie in den dichten Wäldern verschwinden, verlaufen die Wege von Ruanda, Zaire und Uganda über schöne Lichtungen.
Foto: David Keith Jones/Images of Africa Photobank

106 Mitte unten
Der große und oft aggressive Büffel ist in den Virunga-Wäldern häufig anzutreffen. Man sollte ihm nicht zu nahe kommen!
Foto: S. Gurzynski/Agentur Freestyle

106 unten *Friedlichere Waldbewohner sind diese herrlichen Antilopen.*
Foto: Stefano Ardito

NYAMULAGIRA

1. TAG
von Rutshuru zur Nyamulagira-Hütte
Höhenunterschied: Aufstieg 1100 m, Abstieg 100 m
Dauer: 6 Stunden

Der Pfad in den Wald am Fuß des Vulkans beginnt in 1500 Meter Höhe, etwa 10 Kilometer südlich von Rutshuru an der Piste nach Goma. Unterwegs kreuzt man einige erstarrte Lavaflüsse und Lichtungen, wo Antilopen, Schimpansen, Büffel und Elefanten beobachtet werden können. Die „Hütte" ist eigentlich ein relativ geräumiges Steinhaus in etwa 2500 Meter Höhe, ihr Zustand ist allerdings alles andere als komfortabel.

2. TAG
von der Hütte zum Nyamulagira-Krater und zurück
Höhenunterschied: 600 m
Dauer: 4 Stunden

Hinter der Hütte verläuft ein schlammiger Pfad in den Wald. Nach etwa einer Stunde erreicht man die Baumgrenze und gelangt über Felsengrund zum Kraterrand (ca. 3000 m). Hier bietet sich ein herrlicher Blick über den weiten und flachen Nyamulagira-Krater mit seinen bizarren Felsformationen, Fumarolen und Vegetationszonen. Der Führer kennt hier den besten Weg durch den Krater. Die Rückkehr erfolgt über denselben Weg.

3. TAG
von der Nyamulagira-Hütte nach Rutshuru
Höhenunterschied: Aufstieg 100 m, Abstieg 1100 m
Dauer: 4 Stunden

Der Rückweg an die Straße Goma – Beni erfolgt wie der Hinweg, nur dauert es nicht so lange. Man sollte sich Zeit nehmen für Fauna und Flora.

107 oben links Es ist nicht einfach, sich seinen Weg durch die dichte Vegetation und das hohe Gras zu bahnen. Foto: Marcello Bertinetti/White Star Archiv

107 unten links Am ehesten kann man Gorillas auf den kleinen Lichtungen im Regenwald sehen. Foto: Stefano Ardito

Karisimbi

1. TAG

vom Visoke-Eingang zur Lukumi-Schutzhütte
Höhenunterschied: 1400 m
Dauer: 5 Stunden

Die Pfade zum Ngezi-See, den Mikeno-Gipfel und den Karisimbi beginnen an einer großen Lichtung am Ende der Straße (ca. 2400 m). Ein Weg führt in den dichten Wald und über einen Felsüberhang inmitten von Bambus, Hagenia und Johanniskraut zu einem Sattel in etwa 3000 Metern Höhe zwischen dem Karisimbi und dem Visoke, wo sich das Karisoke Study Centre und Dian Fosseys Grab befinden. Weiter geht es nach links (südlich) über einen schmalen Pfad hinauf in den Wald zu der kleinen und sehr primitiven Lukumi-Schutzhütte (ca. 3800 m). Über einen steinigen, steilen Abhang gelangt man zum Gipfel.

2. TAG

von der Lukumi-Schutzhütte nach Karisimbi und zum Visoke-Eingang
Höhenunterschied: Aufstieg 700 m, Abstieg 2100 m
Dauer: 7,5 Stunden

Der mit Lobelien bewachsene Weg von der Hütte auf den Gipfel ist, abgesehen vom häufigen schlechten Wetter, kein Problem. Nach zwei Stunden wird der breite Karisimbi-Gipfel (4507 m), einer der schönsten Aussichtspunkte von ganz Afrika, erreicht. Der Abstieg über denselben Weg dauert etwas über eine Stunde bis zur Hütte und von dort vier Stunden bis zum Eingang zum Vulkan-Nationalpark.

107 rechts Ein Silberrücken beobachtet mißtrauisch den Fotografen. Diese herrlichen Tiere können bis zu 200 Kilogramm schwer werden, doch sie haben einen ausgesprochen friedlichen Charakter. Foto: David Keith Jones/Images of Africa Photobank

Die Aberdares

Durch die dichten Kikuyu-Wälder

Kikuyu-Hochebene, 20. September 1899. Eine Woche nach Bezwingung des Batian-Gipfels machte sich die Karawane von Halford Mackinder wieder auf den Rückweg nach Nairobi, von wo man mit der Eisenbahn nach Mombasa an der Küste reisen wollte. Doch der schottische Bergsteiger war mit seiner Expedition noch nicht ganz zufrieden und wollte einen anderen Rückweg nehmen. Also wandte man sich, nachdem man den Wald des Mount Kenya hinter sich hatte, einer anderen Bergkette zu. Sie war zwar nicht so hoch, besaß dafür aber herrliche Wälder. „Wir waren in einem hügeligen, grünen Land mit gewundenen, waldigen Tälern", schrieb Mackinder in seinem Tagebuch. „Eine Landschaft, die in den englischen Downs hätte sein können, wenn der Boden nicht so hellrot gewesen wäre. Der Fels war vulkanisch, aber so weich wie Kreide; die Bäume, die zwischen den Felsen wurzelten, glichen denen am Mount Kenya. Sie waren moosbewachsen. Ein ständiger Wind blies von Osten und trieb die Wolken zum Sattima-Gipfel."

Man würde kaum erwarten, daß die Aberdares – die übrigens nach einem walisischen Vorsitzenden der Royal Geographic Society benannt sind – eines der typischsten und schönsten Gebiete des kenianischen Hochlandes und überhaupt der afrikanischen Bergwelt sind. Sie sind nicht so hoch und weniger spektakulär als der Batian und seine Nachbargipfel; die erloschenen Vulkane, aus denen diese Bergkette besteht, sind mit dichtem Wald bedeckt und weisen eine überaus interessante Fauna auf.

Wer von Nairobi nach Norden fährt, wird auf der linken Seite „den dunk-

108 Die Saliente-Wälder im Osten des Parks sind die dichtesten. Sie bieten für viele Tiere Lebensraum, so auch für Elefanten und Löwen.

***108-109** Die Thompson-Fälle in den Aberdares sind bei Trekkern besonders beliebt. Fotos: David Keith Jones/Images of Africa Photobank*

110-111 *Die Aberdares-Wälder sind von zahlreichen Elefanten bewohnt. Hier eine Elefantenkuh mit ihrem Jungen.*
Foto: Carla Signorini Jones/Images of Africa Photobank

len Horizont der Kikuyu-Wälder“ sehen, die vor hundert Jahren Mackinders Aufmerksamkeit erregten. Wer in Richtung der Shipton-Höhlen, des Teleki-Tals und zu den Mount Kenya-Gipfeln wandert, kann besonders im frühen Morgenlicht die höchsten Berge der Aberdares und die Silhouette der ganzen Kette sehen, die die Kikuyu Nyandarua nennen, „die Haut, die zum Trocknen aufgespannt ist“.
Im Norden erhebt sich der einsame Odloinyo Lesatima (4000 m), der höchste Gipfel der Bergkette, für die Massai der „Berg des jungen Bullen“. Im Süden erhebt sich hinter dem Tafelberg (3790 m) und dem Rurimueria-Hügel (3886 m) der Kinangop (3906 m). Sein Name ist eine Verballhornung von Ilkinaapop, „Herren der Erde“, wie die Purko ihn nennen, ein Massai-Clan, der in ständiger Feindschaft zu den Kikuyu lebt. Schließlich kommt der Elephant (3591 m), zwar relativ niedrig, aber ein „Charakterberg“. Auf der anderen Seite fällt die Kette steil ab in den tiefen Graben sowie zum Naivasha- und Nakuru-See, wo Tausende Flamingos leben.
Die Aberdares sind ein Natur-Paradies. Der dichte Wald an den Hängen ist Heimat für Büffel, Elefanten, Löwen und große Antilopen wie den scheuen Bongo. Dutzende Wasserfälle toben hier, darunter der bemerkenswerte Karuru, Chania und Gura sowie die berühmten Thomson’s Falls. Durch den hohen Niederschlag während des ganzen Jahres entspringen die längsten und größten Flüsse Kenias den Aberdares.
In etwa 3500 Metern Höhe gehen die Wälder in Bergwiesen mit Lobelien und Kreuzkraut über. Noch höher, kurz unterhalb der Gipfel, erheben sich Türme und Spitzen aus vulkanischem Fels. An einem klaren Tag hat man von den Gipfeln einen phantastischen Blick auf den Mount Kenya, der sich majestätisch hinter der Hochebene erhebt.
Der erste Europäer, der die Kette sah, war der Engländer Joseph Thomson, der 1883 das Nanyuki- und Nyeri-Plateau überquerte und die Berge nach dem Sponsor seiner Reise benannte. Sechzehn Jahre später zogen Halford Mackinder und seine Führer entlang der Bergkette nach Norden. 1902 bestieg Kapitän Richard Meinertzhagen den Kinangop, wo er einen zwei Meter hohen Hügel baute und eine Flasche Bier zurückließ, „damit der nächste Besucher auf meine Gesundheit trinken konnte“.
Er machte einige interessante zoologische Entdeckungen, darunter die östliche Unterart des Bongo und das Riesen-Warzenschwein, das die Kikuyu Numira nennen, war aller-

111 *Ein gutes Gebiet, um Nilpferde zu beobachten, ist der Naivasha-See einige Kilometer westlich der Parkgrenze.*
Foto: David Keith Jones/Images of Africa Photobank

dings aber auch an Vergeltungsmaßnahmen gegen Dörfer beteiligt, in denen weiße Siedler getötet worden waren. „Dies war eine meiner ungeliebtesten Pflichten... Jeder Mann und jede Frau im Dorf wurden mit einer Kugel oder dem Bajonett getötet... Wir verbrannten alle Hütten und vernichteten die Bananen-Plantagen", schrieb er in seinem Tagebuch (1902-1906), das auch über die Kinangop-Besteigung Aufschluß gibt.

Die Aberdares, die von Nairobi leicht zu erreichen sind und in der Gegend mit den meisten Farmen und britischen Kolonialsiedlungen liegen, wurden schnell bei Naturfreunden beliebt. Doch in den fünfziger Jahren gab es wieder Bürgerkriegswirren. Die dichten Wälder boten zwischen 1952 und 1956 den Mau Mau-Guerillas Unterschlupf, die für die Unabhängigkeit Kenias kämpften. Die Guerilla-Angriffe lösten unter den weißen Farmern Panik aus. Doch die britischen Vergeltungsmaßnahmen waren weitaus brutaler. Britische Elitetruppen verbrannten, erschossen und zerstörten ohne Gnade. Wer mit dem Flugzeug über die Aberdares fliegt, kann noch heute die Krater der Bomben sehen, die die Royal Air Force auf die Mau Mau abwarf.

Nachdem Kenia seine Unabhängigkeit erlangt hatte, konnten die Mau Mau ihre hervorragende Kenntnis der Wälder für friedliche Zwecke einsetzen. Bill Woodley, der erste Aufseher des Nationalparks, der die Aberdares und den Mount Kenya umfaßte, stellte sie als Ranger ein. Der Wilderei konnte Einhalt geboten werden, so daß die Aberdares wieder ein beliebtes Ziel in Afrika für Naturfreunde wurden. Besucher aus aller Welt kommen zu den komfortablen Lodges auf der Ostseite der Bergkette. Wer preiswerter reisen möchte, findet einfache Schutzhütten und zahlreiche Campingplätze inmitten herrlicher Landschaft.

Die Wege sind kurz, schön und für jeden begehbar, so daß Trekking in den Aberdares einen ausgezeichneten Eindruck von Trekking in Afrika vermittelt. Viele Kletterer, die den Mount Kenya besteigen möchten, üben sich erst einmal am Oldoinyo Lesatima, dem Kinangop oder anderen Gipfeln.

112 oben *Luftaufnahme von Treetops, einer beliebten Lodge in den Aberdares.*

112 unten *Luftaufnahme von The Ark, einer Jagdlodge in den dichten Saliente-Wäldern.*

112-113 *Treetops ist ein ungewöhnliches Gebäude. Von hier überblickt man ein großes Wasserloch, das von vielen Tieren aufgesucht wird.*

113 unten links *Eine Elefantenherde nähert sich The Ark.*

113 unten rechts *Ein graziles Antilopenweibchen auf einer Lichtung in den Aberdares. Fotos: David Keith Jones/Images of Africa Photobank*

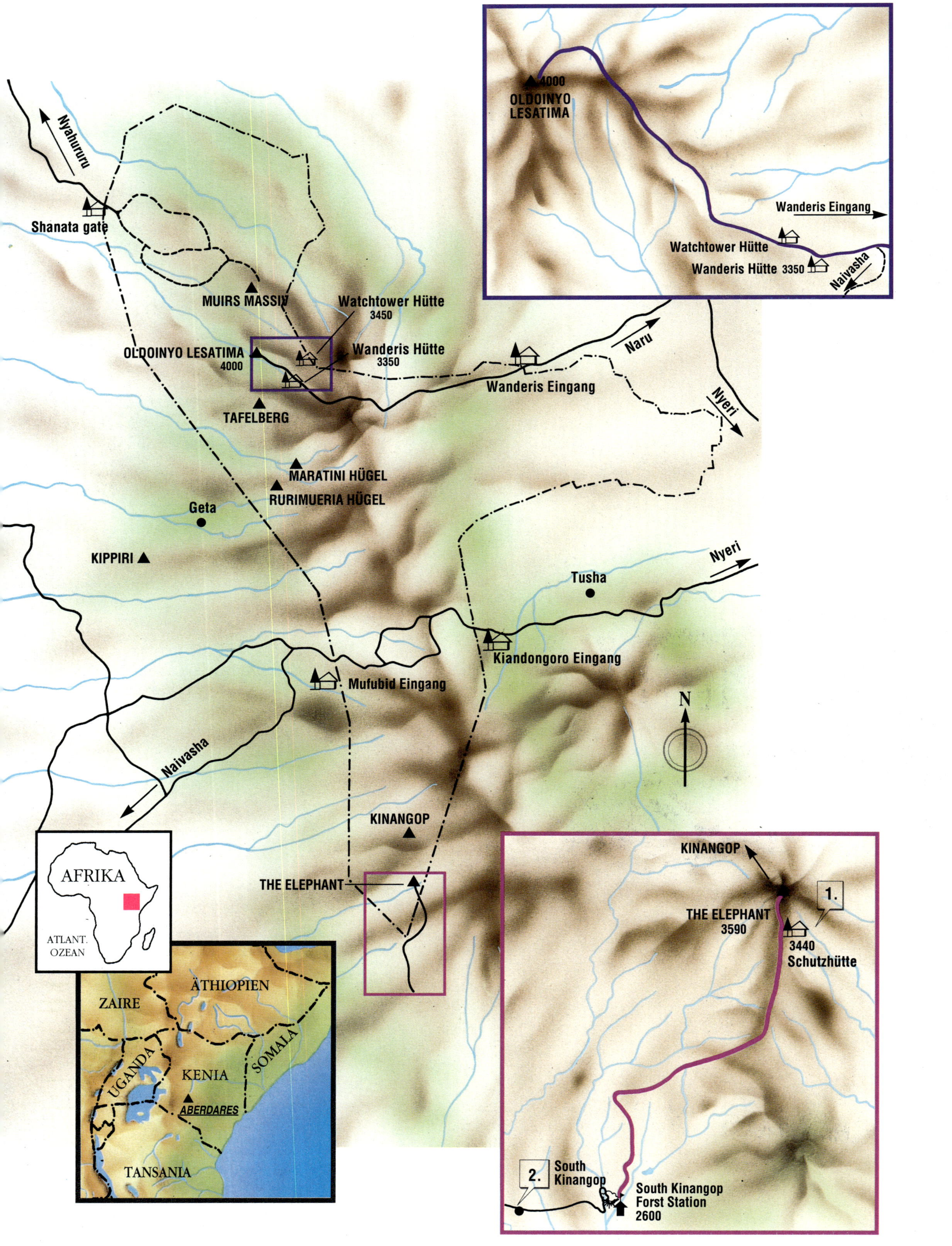
OLDOINYO LESATIMA
4000
Wanderis Eingang
Watchtower Hütte
Wanderis Hütte 3350
Naivasha
Nyahururu
Shanata gate
MUIRS MASSIV
Watchtower Hütte
3450
OLDOINYO LESATIMA
4000
Wanderis Hütte
3350
Wanderis Eingang
Naru
Nyeri
TAFELBERG
MARATINI HÜGEL
RURIMUERIA HÜGEL
Geta
KIPPIRI
Tusha
Nyeri
Kiandongoro Eingang
Mufubid Eingang
Naivasha
N
KINANGOP
THE ELEPHANT
AFRIKA
ATLANT. OZEAN
ÄTHIOPIEN
ZAIRE
UGANDA
KENIA
SOMALA
ABERDARES
TANSANIA
KINANGOP
1.
THE ELEPHANT
3590
3440
Schutzhütte
2.
South Kinangop
South Kinangop Forst Station
2600

Nützliche Informationen

Dauer: Ein- bis Zweitages-Exkursionen
Höhe: 2600-4000 m
Zeit: Das ganze Jahr über, doch etwas problematischer während der kleinen und großen Regenzeit (Oktober bis November bzw. Ende März bis Juni). In den Aberdares regnet es allerdings das ganze Jahr über viel.
Formalitäten: Für Kenia besteht keine Visumpflicht. Für den Park wird ein Eintrittspreis verlangt, jedoch keine Voraus-Buchung.
Schwierigkeitsgrad: keine
Kondition: durchschnittlich
Umwege und Gipfel: Beide hier beschriebenen Wege führen auf Gipfel. Weitere Wege führen auf den Kinangop (3906 m) und den Rurimueria-Hügel (3886 m). Eine Nord-Süd-Durchquerung des Parks vom Kararuru-Wasserfall zum Wanderis-Eingang dauert 4 Tage.

Ausrüstung: Normale Ausrüstung für Tageswanderungen. Leggings sind in den sumpfigen Abschnitten von Vorteil. Für die Übernachtung in der Elefanten-Hütte (Elephant Hut) sind Zelt, Schlafsack und Schlafmatte nötig. Die Watchtower-Hütte ist in brauchbarem Zustand.
Anreise: Von Nairobi bestehen mehrere Anfahrtsmöglichkeiten zu den etwa 100 km nördlich liegenden Aberdares. Für Wanderungen auf der Ostseite ist die Stadt Nyeri der beste Ausgangspunkt, die man von Nairobi über Thika und Karatina erreicht und von der man zum Wanderis- und Kiandongoro-Eingang gelangt. Für den Südteil ist South Kinangop oder Njabini (Straße Nairobi-Naivasha) der Ausgangspunkt.
Führer und Träger: Alle Wanderer müssen von einem bewaffneten Ranger begleitet werden. Die hier beschriebenen kurzen Exkursionen erfordern keine Träger.
Notfälle: Verletzte können über das dichte Wegenetz schnell geborgen werden.
Karten: Aberdare National Park, herausgegeben von der Survey of Kenya (1:50 000). Weitere Blätter sind Ndaragwa, Kipipiri und Kinangop.

115 oben links *Zwischen 2000 und 2500 Meter Höhe sind die Hänge der Berge mit dichten Bambuswäldern bedeckt.*

115 unten links *Helichrysum in voller Blüte in der Hochsteppe der Aberdares, hier am Oldoinyo Lesatima-Rücken in etwa 3500 Meter Höhe.*
Fotos: David Keith Jones/Images of Africa Photobank

115 rechts *Tropischer Regenwald bedeckt einen Teil der Aberdares, ähnlich dem Mount Kenya und dem Kilimanjaro.*
Foto: Carla Signorini Jones/Images of Africa Photobank

Von der Wanderis-Hütte zum Oldoinyo Lesatima

Höhenunterschied: 400-650 m
Dauer: 4-6 Stunden

Dieser kurze und relativ einfache Trek auf den höchsten Gipfel der Aberdares von Nyeri bzw. Naro Moru aus ist die beliebteste Tour. Von Nyeri muß man zunächst zur Parkverwaltung in Mweiga und von dort 18 km weiter zum Wanderis-Eingang. Im Park geht es zunächst 12 km weit über die Straße bis zu einer Gabelung, deren rechten Ast man 1 km weit bis zur Wanderis-Hütte (3350 m) geht. Nach weiteren 2 km wird die Watchtower-Hütte (3450 m) erreicht, der beste Platz zum Übernachten in dieser Gegend. Bei starkem Regen ist der letzte Pistenabschnitt nicht befahrbar. Weiter geht es über den Fahrweg, der nach 2 km an einem breiten Rücken (3600 m) endet. Entlang des Rückens führt ein Weg, zunächst bergab und am Fuß einer Reihe grauer Felsen wieder bergauf. Man erreicht das Gipfelplateau und den Hügel auf dem Gipfel (4000 m). Der Weg dauert 2 Stunden vom Ende des Fahrweges, 3 Stunden von der Watchtower-Hütte und 4 Stunden von der Wanderis-Hütte. Der Abstieg ist natürlich kürzer.

116 oben *Ein Trekker wandert über den breiten Rücken zum Oldoinyo Lesatima (4000 m), dem höchsten Gipfel der Aberdares.*
Foto: Stefano Ardito

116 Mitte *Die zentralen Aberdares sind von herrlichen wilden Wäldern bedeckt; hier auf dem Weg zur Wanderis-Hütte.*
Foto: Stefano Ardito

116 unten *Der Weg vom Gipfelkamm des Elephant hinab zur Schutzhütte verläuft durch dichte Vegetation.*
Foto: Stefano Ardito

Von der Schutzhütte geht es zunächst über den Weg zum Elephant-Gipfel mit mehreren anderen Gipfeln. Der höchste ist der zweite von links (3590 m), der in einer halben Stunde über einen Sattel erreicht wird. Vom höchsten Punkt führt ein kleiner, relativ gut erkennbarer Steig zu den anderen Gipfeln des Berges. Wer einen Tag länger Zeit hat, kann (nur mit Führer und bei gutem Wetter) zum Kinangop-Gipfel weitergehen (6 Stunden hin und zurück von der Schutzhütte). Der Abstieg ist derselbe Weg wie der Aufstieg.

117 links *Eine Büffelherde grast auf einer Lichtung in den Aberdares. Das plötzliche Auftauchen dieser Tiere kann für den Trekker sehr gefährlich werden. Foto: David Keith Jones/Images of Africa Photobank*

Von South Kinangop zum Elephant

1. TAG
von South Kinangop zur Schutzhütte
Höhenunterschied: 850 m
Dauer: 5,5 Stunden

Der Elephant ist der südlichste Gipfel der Bergkette. Der Weg dorthin ist landschaftlich besonders reizvoll – es geht durch Koniferen-Wälder, tropischen und Bambus-Wald. Einige Abschnitte des Weges sind allerdings ziemlich morastig. Der ganze Weg kann in einem Tag geschafft werden, doch ist es günstiger, bei der verlassenen Schutzhütte zu übernachten, so daß man den Blick vom Gipfel bei klarem Morgenhimmel hat. Von South Kinangop sind es 3 km bis zur gleichnamigen Forststelle (2600 m). Dort geht es zu Fuß (evtl. ein Teilstück mit Geländewagen) über einen Forstweg zu einem Kamm und an diesem entlang. Hinter einem Erdrutsch geht es ein Stück im Zickzack weiter und dann über einen nicht immer klar erkennbaren Pfad durch den Bambus-Wald zu einem grasbewachsenen Hügel und der Schutzhütte (3440 m) in Sichtweite der vier Gipfel.

2. TAG
von der Schutzhütte zum Gipfel und zurück nach South Kinangop
Höhenunterschied: Aufstieg 150 m, Abstieg 1000 m
Dauer: 5-6 Stunden

117 oben rechts *Ein großer Abschnitt des Weges von South Kinangop auf den Elephant verläuft durch Bambuswälder. Foto: David Keith Jones/Images of Africa Photobank*

117 unten rechts *Hinter dem Treetops-See mit einer der beliebtesten Lodges in den Aberdares erhebt sich in der Ferne der Mount Kenya. Foto: David Keith Jones/Images of Africa Photobank*

Der Mount Kenya

Die Suche nach dem „Matterhorn von Afrika"

118-119 *Von oben sieht der Emerald Tarn, der schönsten See am Mount Kenya, wie ein modernes Kunstwerk aus.*
Foto: Stefano Ardito

Große Schichten von rötlichem, rauhem vulkanischem Gestein, nackter Fels, der von zahlreichen Spalten durchzogen ist, Klötze, die sich in einem labilen Gleichgewicht halten, und ein im Morgenlicht hell erleuchteter Hintergrund... Der Aufstieg verläuft im Zickzack – immer auf der Suche nach den einfachsten Stellen. Dann gelangt man zum Nelion-Gipfel und schließlich über einen schneebedeckten Sattel – dem Nebeltor – zum Batian-Gipfel mit den riesigen Felsblöcken. Und kurz darauf ist man schon ganz oben, am „Matterhorn von Afrika", in 5200 Metern Höhe. Vom Batian-Gipfel schweift der Blick über das Teleki- und das Mackinder-Tal. Nach Westen erstrecken sich die grünen Kämme der Aberdares mit ihren dichten Wäldern oberhalb des Kikuyu-Plateaus. Weit im Süden scheint der vereiste Gipfel des Kilimanjaro wie auf Wolken zu schweben.

Man muß nicht unbedingt auf den höchsten Gipfel klettern, um eine weite Aussicht zu haben. Auch von dem 4985 Meter hohen Lenana-Gipfel, auf den jährlich Tausende von Wanderern kommen, kann man den prächtigen Sonnenaufgang über den Nelion-Felsen bewundern. Weiter unten, im Nebel um die Viertausend-Meter-Marke, führt der Weg durch Kreuzkraut, Lobelien und märchenhafte Riesensukkulenten. Adler, Geier und die riesige, prächtige Mackinder-Eule kreisen hoch oben. Abdrücke und Spuren von Exkrementen zeigen, daß Leoparden und Büffel den Weg gekreuzt haben. Noch weiter unten, in etwa 3000 Metern Höhe, bezaubert der Mount Kenya mit seinen Riesen-Heidepflanzen und Eibenwäldern, in deren höchsten Bäumen sich Halbaffen tummeln. Von den fruchtbaren Feldern unten sieht der Berg wie eine herrliche, ebenmäßige Pyramide aus – ein Anblick, der Wanderer und Bergsteiger gleichermaßen beeindruckt. Und schon lange ist der Mount Kenya der Olymp für die einheimische Bevölkerung.

„Mogai, der Vater des Universums, schuf Kere-Nyaga, den strahlenden Berg, als einen Ort der Ruhe und ein Zeichen seiner Wunder für den Menschen. Als er Kikuyu, den Vorfahr der Rasse, erschuf, führte er ihn auf den Gipfel und zeigte ihm die Schönheiten des Landes. Sollte er jemals in Not geraten, so wurde ihm gesagt, so solle er seine Hände zum Berg hin erheben. Dann würde Gott ihm zu Hilfe kommen."

Dies ist die Schöpfungsgeschichte der Kikuyu, wie sie von Jomo Kenyatta, dem Führer der Unabhängigkeitsbewegung und ab 1961 ersten Staatsoberhaupt, überliefert wurde.

Bis zum Beginn dieses Jahrhunderts bewohnten die Massai die Hochebene zwischen dem Mount Kenya und den Aberdares. Inmitten der Felsen beteten sie Ngai (oder Eng-ai) an, die Göttin des Regens und des guten Wetters. Für sie hieß der Berg Ol-Donyo-Eibor, der „Weiße Berg". Für die Meru, die im Nordosten des Berges leben, stammen alle menschlichen Rassen von dort. Für die Samburu heißt der Berg Lorgenai, der „Schwarze Stein", denn aus ihrer Sicht erscheint der Berg sehr felsig. Doch hat der Name der Kikuyu, Kere-Nyaga, dem Berg und dem Land den heutigen Namen gegeben, indem Kere-Nyaga zu Ke-e-nya-a und schließlich zu Kenya zusammengezogen wurde.

1848 kamen die ersten europäischen Erforscher in dieses Gebiet, als erster der Schweizer Priester Johann Rebmann, nach ihm sein Landsmann Ludwig Krapf. Der Schotte Joseph Thomson beschrieb 1885 den Berg als einen „Gipfel, der mit der überwältigenden Schönheit eines Diamanten erstrahlt“. Zwei Jahre später kam der ungarische Graf Teleki bis in 4700 Meter Höhe. 1893 entdeckte der Engländer J. W. Gregory, daß der Berg Überbleibsel eines prähistorischen Vulkans ist. 1899 reisten der Schotte Halford Mackinder sowie die Führer Cesare Ollier und Giuseppe Brocherel mit der neugebauten Eisenbahn von der Hafenstadt Mombasa zu der Stelle, wo gerade Nairobi erbaut wurde. Nach einem zwanzigtägigen Fußmarsch kamen sie zum Fuß des Berges.

Am 20. August drangen sie in den Hochwald ein. Aufgrund der großen Erfahrung der beiden Führer erreichten sie am 12./13. September den 5199 Meter hohen Gipfel. Der Weg war schwierig, mit Felsenklettereien des IV. Grades und einer dreistündigen Passage über mit Eishämmern gehauene Treppen in dem extrem steilen Abhang, der damals „Diamanten-Gletscher“ genannt wurde. Die am Fuß des Berges lebenden Massai behinderten die Expedition und töteten einen Träger. Mackinder hatte großen Respekt vor diesem kriegerischen Volk und benannte einige Gipfel – den Batian, Nelion, Lenana und Sendeyo – nach ihren Häuptlingen.

1929 befanden sich auf der Hochebene am Fuß des Mount Kenya bereits einige Farmen, die Karen Blixen in *Jenseits von Afrika* beschrieb. Eric Shipton, der später durch seine großen Himalaya-Expeditionen bekannt werden sollte, schrieb: „Es mag lächerlich erscheinen..., auf einer afrikanischen Farm mit Eispickel, Bergsteigerstiefeln und Seilen anzukommen.“ Zusammen mit Percy Wyn Harris bestieg der junge Eric den Batian-Gipfel vom Nordosten her und darauf den Nelion-Gipfel. Im folgenden Jahr bezwang er mit Bill Tilman den schwierigen Westrücken des höchsten Gipfels.

Es gibt jedoch noch ein weiteres erwähnenswertes Ereignis. 1942 waren in Nanyuki über tausend italienische Kriegsgefangene festgesetzt. Einer von ihnen, Felice Benuzzi, sah plötzlich einen „silbern glänzenden, kantigen Berg in den Wolken“, der von „Gletschern, die im Nichts verschwanden“, umringt war. In den folgenden Monaten konnte Benuzzi Giovanni Balletto und Vincenzo Barsotti für sein Abenteuer begeistern. Aus den Hanfnetzen der Gefängnisbetten fertigten sie Seile; Eisenstücke wurden zu primitiven Eispickeln und Steigeisen umfunktioniert. Von den mageren Essensrationen wurden Vorräte abgezweigt. Und die einzige Information, die sie über den Mount Kenya besaßen, war ein Bild auf einem Konservenetikett. Am 24. Januar 1943 flohen die drei Italiener aus dem Lager 354. Sie tauchten im Wald unter und kletterten weit abseits aller Wege hoch, wobei sie gefährliche Zusammentreffen mit Elefanten und Nashörnern hatten. Am 4. Februar gingen Benuzzi und Balletto den Westrücken des Batian-Gipfels an, die schwierigste Route zur denkbar ungünstigsten Zeit. Sie kletterten ein Stück hoch, mußten im Sturm aber wieder umkehren. Zwei Tage später bestiegen sie den leichteren Lenana-Gipfel, wo sie eine selbstgenähte Flagge aufstellten. Dann schleppten sie sich ins Tal zurück und stellten sich den Briten. Aus Respekt vor ihrer Leistung bekamen sie eine Strafverkürzung. Nach Ende des Krieges wurde Benuzzis Buch über das Abenteuer zum Bestseller.

Heute sind die einsamen Täler von über 15 000 Wanderern jährlich bevölkert. Es gibt viele komfortable Berghütten; der Lenana-Gipfel wird heute von Dutzenden von Trekkern täglich bestiegen. Wer auf den Batian- und Nelion-Gipfel steigt, findet alle paar Meter Nägel, Seile und sonstige Spuren von anderen Besteigungen.

Doch die Natur lebt noch. Von den vielen kenianischen Naturparks ist dieser der einzige, den man nur zu Fuß betreten darf. Das Nashorn ist hier mittlerweile ausgerottet, doch Elefanten, Büffel und Leoparden wie auch die kleinen, scheuen Waldantilopen leben noch immer hier. Von den Touren zu den drei großen Bergen Afrikas ist die Besteigung des Kilimanjaro eine Herausforderung wegen der Höhe, die des Ruwenzori ist ein Abenteuer in Sümpfen und Wildnis. Die Tour auf den Mount Kenya ist leichter machbar, doch sie ist die spektakulärste, was die Landschaft betrifft.

120 *Wie auch an anderen großen Bergen in Afrika wachsen am Mount Kenya Tausende von Kreuzkraut-ähnlichen Riesenpflanzen; diese Aufnahme entstand in der Nähe der Teleki Lodge am Nordfuß der höchsten Gipfel.*

121 oben *Zebras sind häufig in der Ebene um den Mount Kenya und im Nordosten des Meru-Nationalparks.*

121 unten *Der nördlich von Nairobi liegende Mount Kenya ist von zahlreichen Tierarten bewohnt. Die hier abgebildete Somali-Giraffe lebt etwas weiter nördlich in der Savanne hinter Isiolo.*
Fotos: Stefano Ardito

Nützliche Informationen

Dauer: 6-7 Tage, doch gibt es Treks von einer Länge zwischen 2-3 Tagen und 2 Wochen.
Höhe: 2600 m bzw. 3350 m-4985 m bzw. 5199 m
Zeit: Für den Trekker sind die günstigsten Zeiten die beiden Trockenzeiten in Kenia – von Dezember bis März und von Ende Juni bis September. Bergsteiger müssen allerdings bedenken, daß sich der Berg am Äquator befindet. Während unseres Sommers ist die Nordseite frei von Schnee, und die vereisten Routen auf der Südseite sind in brauchbarem Zustand. Die normale Aufstiegsroute ist von Dezember bis März begehbar.
Formalitäten: Für Kenia benötigt man kein Visum. Der Park steht allen offen; eine Buchung ist nicht nötig. Eintrittsgebühr.
Schwierigkeitsgrad: Keine technischen Probleme. Bei der Besteigung des Lenana-Gipfels während der Dämmerung ist auf dem Hang des Lewis-Gletschers Vorsicht geboten. Äußerst anstrengend sind die Torfmoorbereiche auf dem Abstieg über die Naro Moru-Route.
Kondition: Durchschnittlich. Es geht relativ hoch hinauf, doch ist der Trek weniger anstrengend als der auf den Kilimanjaro.
Ausrüstung: Normale Trekkingausrüstung sowie Leggings (nützlich in den Sumpfbereichen) und Skistöcke. Auf der Naro Moru- und Chogoria-Route kann man in Schutzhütten übernachten; ein Zelt kann jedoch nützlich sein, wenn die Teleki Lodge oder die Österreichische Hütte (Austrian Hut) belegt sind. Ein Schlafsack ist erforderlich. Für die Besteigung der höchsten Gipfel ist eine Kletterausrüstung, bestehend aus Seil, Gurt, Helm, Karabinern, Nägeln und Keilen, nötig. Eispickel und Steigeisen sind für den kurzen, aber mühsamen Abschnitt zwischen dem Nelion- und dem Batian-Gipfel notwendig.
Anreise: Naro Moru und Nanyuki sind etwa 15 km voneinander entfernt und können in 3 Stunden von Nairobi erreicht werden. Es bestehen gute Bus- und Flugverbindungen.
Führer und Träger: Die Lodges zu Füßen des Berges, insbesondere die Naro Moru River Lodge und die Bantu Lodge bzw. Mountain Rock Lodge, können Treks organisieren, wobei Verpflegung, Ausrüstung, Träger und Führer gestellt werden. Am billigsten ist es, Träger direkt in Naro Moru anzuheuern oder direkt alles in den Rucksack zu packen.

Aus Sicherheitsgründen darf man nicht allein wandern.
Umwege und Gipfel: Der Lenana (4985 m) ist ein phantastischer Aussichtspunkt und wird von den meisten Trekkern bestiegen. Die Besteigung des Nelion (5188 m) und des Batian (5199 m), die hier beschrieben wird, ist anspruchsvoll. Weitere Gipfel wie der Terere oder der Sendeyo können ohne Schwierigkeiten bestiegen werden.
Notfälle: Bei Unfällen können die

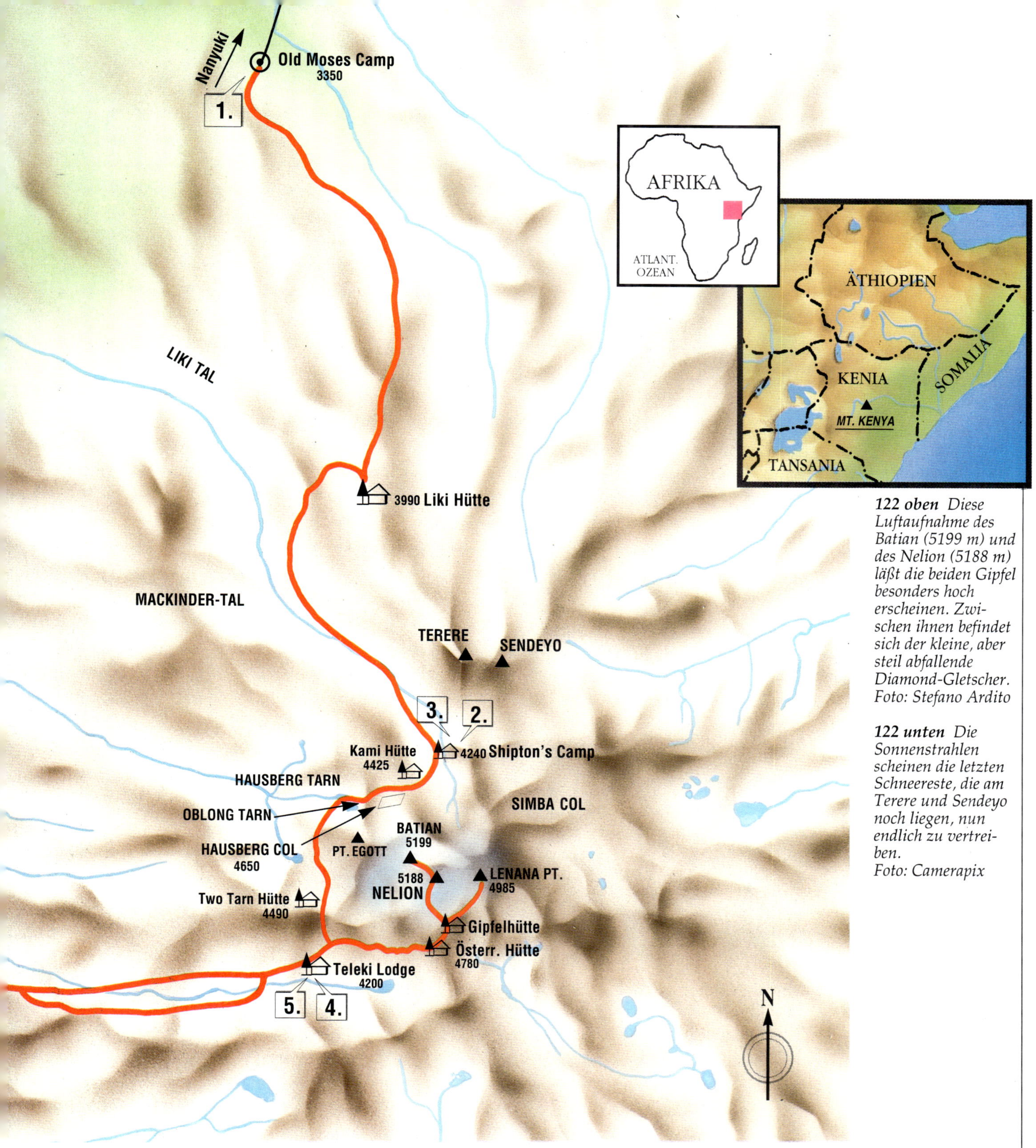

122 oben *Diese Luftaufnahme des Batian (5199 m) und des Nelion (5188 m) läßt die beiden Gipfel besonders hoch erscheinen. Zwischen ihnen befindet sich der kleine, aber steil abfallende Diamond-Gletscher. Foto: Stefano Ardito*

122 unten *Die Sonnenstrahlen scheinen die letzten Schneereste, die am Terere und Sendeyo noch liegen, nun endlich zu vertreiben. Foto: Camerapix*

Rangers des Nationalparks eingreifen. Sie können am Teleki Valley-Kontrollposten (direkt oberhalb der gleichnamigen Lodge) oder in jeder Schutzhütte gerufen werden.
Karten: Mount Kenya von Andrew Wielochowski und Mark Savage; am besten schon in Nairobi kaufen. Es gibt zahlreiche, teilweise auch dort erhältliche Bergführer.

124 oben *Der erste Abschnitt der Sirimon-Route überquert die einsame, aber spektakuläre Savanne zwischen dem Old Moses Camp und der Liki-Hütte. Im Hintergrund erheben sich die Gipfel von Terere, Sendeyo und weiter rechts Nelion und Batian.*

124 Mitte *Ein Trekker und sein Kikuyu-Führer steigen im Dunst durch das Mackinder-Tal in etwa 4000 Meter Höhe auf.*

124 unten *In 4100 Meter Höhe kommt man beim Aufstieg zum Shipton's Camp an den kleinen Mackinder-Höhlen vorbei; sie dienten den ersten Bergsteigern als Schutz.*

1. TAG
von Nanyuki zum Old Moses Camp
Höhenunterschied: 700 m
Dauer: 3,5 Stunden

Ein 9 km langer Fahrweg führt von der Straße Nairobi – Nanyuki – Isiolo zum Sirimon-Eingang (2650 m) des Mount Kenya-Nationalparks. Von dort führt eine normalerweise für Fahrzeuge geöffnete Piste durch einen herrlichen Wald zum Judmeier Camp und zum nahegelegenen Old Moses Camp (3350 m), einer großen Schutzhütte inmitten von Heideland und Felsen. Um sich zu akklimatisieren und die herrliche Natur bewundern zu können, sollte man diesen Abschnitt ohne Eile zu Fuß zurücklegen.

2. TAG
vom Old Moses Camp zum Shipton's Camp
Höhenunterschied: Aufstieg 1090 m, Abstieg 200 m
Dauer: 7 Stunden

Dieser ziemlich lange und ermüdende Abschnitt führt zum Fuß der Nordhänge des Nelion und des Batian. Die Liki-Hütte ist in schlechtem Zustand, so daß man besser weiter bis zum bequemen Shipton's Camp gehen sollte. Es geht zunächst über einen breiten, grasbewachsenen Rücken oberhalb des Old Moses Camps. Der Weg ist relativ gut markiert und bietet eine atemberaubende Aussicht auf den Nelion und den Batian. In der Nähe eines großen einzelnen Felsbrockens muß man scharf nach rechts abbiegen, einen Rücken überqueren und zur Liki-Hütte hinabsteigen (3990 m). Danach geht es wieder bergan über einen Rücken und steil hinab in das Mackinder-Tal. Weiter führt der Weg über einen Felsstreifen zum Shipton's Camp (4240 m) unterhalb des Nordhanges von Batian und Nelion. Der „low path" umgeht die Liki-Hütte direkt zum Mackinder-Tal und erspart so einen Anstieg von 200 m und 1,5 Stunden Gehzeit.

124-125 Die Gipfel des Nelion und des Batian erheben sich in all ihrer Pracht hinter der Teleki Lodge (4200 m), der beliebtesten Hütte am Mount Kenya.

125 unten links *Ein Wanderer steigt durch das Mackinder-Tal auf, im Hintergrund die eleganten Gipfel des Terere und des Sendeyo.*

125 unten rechts *Unterhalb der höchsten Gipfel des Mount Kenya liegt das Shipton's Camp (4240 m). In der Mitte erheben sich der Nelion und der Batian, rechts der gelbliche Peter's Point, links der Lenana-Gipfel. Fotos: Stefano Ardito*

3. TAG
in der Umgebung des Shipton's Camps
Höhenunterschied: je nach Weg
Dauer: je nach Weg

Nachdem so schnell eine Höhe von über 4000 m erreicht wurde, sollte man sich in Sichtweite des Batian und Nelion einen Tag ausruhen und akklimatisieren. Die Felsrücken im Nordosten der Hütte können in wenigen Stunden erkundet werden. Trekker mit Klettererfahrung können den Terere- und den Sendeyo-Gipfel besteigen. Vom Camp aus kann man auch in 3-4 Stunden über einen steilen Pfad und vorbei am Simba Col auf den Lenana-Gipfel steigen.

4. TAG
vom Shipton's Camp zur Teleki Lodge
Höhenunterschied: Aufstieg 550 m, Abstieg 660 m
Dauer: 4 Stunden

An diesem herrlichen Tag umrundet man die Hauptgipfel nach Osten, wobei man an den kleinen Schutzhütten von Kami und Two Tarn vorbeikommt. Dort besteht eine herrliche Aussicht auf die Felsentürme und Gletscher auf der Westseite des Batian sowie auf die beiden malerischen Bergseen Oblong Tarn und Hausberg Tarn, wo Benuzzi, Barsotti und Balletto 1943 kampierten. Der Pfad geht weiter steil bergan zur Kami-Hütte (4425 m) und weiter über einen steilen, steinigen und beschwerlichen Hang zum Hausberg Col (4650 m), von wo es steil zu den Seen hinunter geht. Ein weniger beschwerlicher Aufstieg führt über breites Felsgesims zur kleinen Two Tarn-Hütte (4490 m). Über einen ebenen Abschnitt und einen steinigen Abhang gelangt man schließlich zur geräumigen Teleki Lodge (4200 m), der beliebtesten Hütte an diesem Berg. Bei Sonnenuntergang ist die Sicht auf den Nelion und den Batian mit dem bemerkenswerten Diamond Couloir dazwischen überwältigend.

126 oben Blick auf das imposante Felsenmassiv des Mount Kenya.
Foto: Camerapix

126 Mitte Oberhalb des Shipton's Camp liegt in 4475 Meter Höhe die kleine Kami-Hütte.
Foto: Stefano Ardito

126 unten Beim Oblong Tarn verläuft der Weg vom Shipton's Camp zum Teleki-Tal an der Stelle vorbei, wo die drei Hauptpersonen von „No picnic on Mt. Kenya" im Jahr 1943 kampierten.
Foto: Stefano Ardito

5. TAG

von der Teleki Lodge zum Lenana-Gipfel und zurück
Höhenunterschied: 780 m
Dauer: 5 Stunden

Hinter der Teleki Lodge führt der Steig zunächst fast eben in östlicher Richtung bis südlich unter den Nelion und den Batian. Dann geht es ein längeres Stück über anstrengende Geröllfelder bergauf bis kurz vor den breiten Rücken im Süden des Lenana-Gipfels. Ein kurzes Stück bergab führt schließlich zur Österreichischen Hütte (Austrian Hut; 4780 m), dem Ausgangspunkt für die Besteigung des Nelion und des Batian. In der Nähe befindet sich ein eiskalter See, dessen Wasser trinkbar ist. Dann geht es wieder weiter über den breiten Schotterrücken, den man ein Stück weiter nach links zu den leichten Schneefeldern am Rande des Lewis-Gletschers verläßt. Ein letztes steiles Stück führt zum Lenana-Gipfel (4985 m), dem „Dach" des Berges für den Wanderer, von dem man eine hervorragende Aussicht auf die Ostseite des Nelion, die umliegenden Täler und den fernen Kilimanjaro hat. Vom Mackinder-Tal dauert der Weg 3 Stunden. Am besten startet man in der Nacht, um den Gipfel bei Sonnenaufgang zu erreichen. Der leichte Abstieg erfolgt in 2 Stunden.

127 links Der Nelion- und der Batiangipfel bilden hier einen mächtigen Hintergrund für den Weg von der Österreichischen Hütte zum Lenana-Gipfel.
Foto: Stefano Ardito

127 oben rechts Auf halbem Weg auf der normalen Nelion-Route bietet dieses kleine Biwak in 5000 Meter Höhe eine Notunterkunft für Bergsteiger. Eine ähnliche Konstruktion, das Howell-Biwak, steht auf dem 5188 m hohen Nelion-Gipfel.
Foto: Stefano Ardito

127 unten rechts Hinter der Österreichischen Hütte erhebt sich der Nelion. Die Hütte dient als letzte Raststation vor dem Gipfelsturm.
Foto: Stefano Ardito

128-129 *In der Nähe der Österreichischen Hütte hat man eine Aussicht auf den Lewis-Gletscher, den grünlichen Lewis Tarn und den John Sharp Point.*
Foto: David Keith Jones/Images of Africa Photobank

128 unten links
Kurz oberhalb der Teleki Lodge hat man auf dem Weg zur Österreichischen Hütte einen herrlichen Blick auf die Nordseiten des Nelion und des Batian mit ihrem Gletscher.
Foto: Cl. Jaccoux/ Agentur Freestyle

128 unten rechts
Am Fuß des Mount Kenya gibt es eine große Lobelien-Population.
Foto: Stefano Ardito

6. TAG

von der Teleki Lodge zur Met Station und nach Naro Moru
Höhenunterschied: Aufstieg 80 m, Abstieg 1189 m
Dauer: 5 Stunden

Das letzte Stück ist zwar lang, bereitet aber keine Schwierigkeiten. Es führt durch den märchenhaften Wald ins Tal. Der Weg beginnt auf der orographisch rechten Seite des breiten Teleki-Tals, überquert einen Fluß und führt am Berg entlang zur gegenüberliegenden Seite mit interessanter Flora. Hier hat man zwei Möglichkeiten; der tiefer liegende Weg ist meist schlammig. Der Weg führt zu einem Felsenrücken, der das Tal abschließt, dann im Zickzack weiter und plötzlich bergab durch immer feuchtere Wiesen. Nachdem man das Torfmoor („Vertical Bog") durchquert hat, erreicht man einen Wald aus Riesen-Heidegewächsen. Von dort führt ein guter Weg zur Met Station (3050 m) und 7 km weiter über eine Piste zum Naro Moru-Eingang (2 Stunden Fußweg). Bis Naro Moru sind es von hier 18 km.

7. TAG

Besteigung des Nelion und des Batian von der Österreichischen Hütte
Dauer des Auf- u. Abstiegs: 8-12 Stunden

Die übliche Aufstiegsroute zu den höchsten Gipfeln des Mount Kenya erfordert große Bergsteigererfahrung bei Schwierigkeitsgraden bis zu IV+ beim Aufstieg auf den Nelion und dem Übergang zum Batian. Von der Österreichischen Hütte geht es zunächst über den leichten Lewis-Gletscher, von wo ein anstrengender Geröllhang zum eigentlichen Ausgangspunkt führt. Es beginnt mit leichter Kletterei durch Spalten, dann folgt eine Kreuzung nach rechts zum Mackinder-Kamin, wo noch die Seile aus dem Jahr 1899 hängen. Eine schwere Spalte (IV+) und ein Dieder-förmiges Stück führen zu leichteren Felsen vor dem Südrücken und dem Baillie Camp (5000 m). Hinter dem Rücken folgt ein weiteres schweres, aber sehr schönes Kletterstück (IV+), hinter dem sich nach rechts ein IVer-Abschnitt anschließt. Durch einen leichteren Kamin geht es auf den Nelion-Gipfel (5188 m) und von dort über eine schwere Kreuzung (III+) mit Hilfe von Eispickel und Steigeisen zum Batian-Gipfel (5199 m). Der Abstieg vom Nelion verläuft über etwa ein Dutzend Abseilstellen (Zwillingsseil). Wer spät dran ist, kann in dem kleinen Howell Camp auf dem Nelion-Gipfel übernachten.

129 oben *Die Ostseite des Nelion, auf dem Weg zu den beiden Gipfeln. Der Steig beginnt in der großen Geröllmulde links und verläuft dann quer nach rechts.*
Foto: Marco Majrani

129 Mitte *Diese Passage ist der letzte schwierige Teil, bevor es durch einen leichten Kanal auf den Nelion-Gipfel geht.*
Foto: Stefano Ardito

129 unten *Hinter der Österreichischen Hütte erhebt sich der Lenana-Gipfel.*
Foto: Stefano Ardito

DER KILIMANJARO - DAS DACH AFRIKAS

Zwei Wege auf den 5895 Meter hohen Uhuru-Gipfel

Wenn sich der Himmel hinter dem Mawenzi wieder erhellt, ist das Schlimmste vorbei. Wie überall in den afrikanischen Tropen geht die Sonne über dem Indischen Ozean auf, wobei die Tsavo Hills plastisch hervortreten mit ihren bizarren Spitzen, die nach Meyer, Purtscheller und Klute benannt sind. Tiefer, in der Ebene, überflutet das Licht, das den neuen Tag ankündigt, die Lichter von Moshi, die bis dahin die Orientierungspunkte für die waren, die durch die schier unendlichen Geröllfelder des Mount Kibo herumstreiften.

Eine Welt wie aus einem Märchen scheint greifbar nahe. Links führen die Stufen des Rebmann-Gletschers geradewegs zum Krater. Am Rand des großen Einsturzkraters erheben sich Spitzen und Nadeln aus rötlicher Lava inmitten von Geröllfeldern. Auf einem leichten Abhang stehen die dicken Bismarck-Türme. Dahinter führt ein breiter, von zahlreichen Spalten zerfurchter, schneebedeckter Rücken zum höchsten Gipfel, dem Uhuru – das Kisuaheli-Wort für „Freiheit“. Auf nur einem Kilometer Länge liegen hier hundert Jahre von Afrikas Geschichte.

„So weit wie die ganze Welt, groß, hoch und unglaublich weiß in der Sonne“ – so beschrieb 1938 Ernest Hemingway das „Dach“ des Vulkans in Schnee am Kilimanjaro. Wer in der Dämmerung am Kraterrand entlang geht, wird dieses häufige Zitat verstehen. Man geht über eine Hochebene aus tiefem Schnee – keine anderen Berge sind zu sehen.

Der Tag der Gipfelbesteigung ist zu Beginn eine einzige Strapaze. Kurz nach Mitternacht geht es von der Kibo-Schutzhütte los, über einen Steig bis zur Hans-Meyer-Höhle und weiter durch bedrohliche Geröllfelder bis zum Gillman's Point in 5685 Metern Höhe. Der zweite Teil am Kraterrand ist weniger anstrengend und weitaus aufregender. Auf dem 5895 Meter hohen Uhuru-Gipfel stößt man auf einen kleinen Steinhaufen, einige verwitterte Flaggen und eine Gedenktafel aus Bronze. Hier wurde am 9. Dezember 1961 die Unabhängigkeits-Fackel des neuen Tanganyika entfacht, das drei Jahre später Tansania wurde. „Wir möchten, daß dieses Licht über die Grenzen hinaus scheint und Hoffnung, Liebe und Würde bringt.“ Diese Worte von Julius Nyerere, dem ersten Staatspräsidenten, sind hier eingraviert.

130 Kurz vor der Horombo-Hütte verläuft der Weg auf den Mount Kibo durch die typische ostafrikanische Gebirgsvegetation.

131 Ein Bach zieht sich durch den herrlichen Regenwald, der die unteren Gebirgsregionen bedeckt. Fotos: Marco Majrani

Der Kilimanjaro ist in Afrika der höchste, der am wenigsten feuchte und dem Meer am nächsten liegende Berg. Er ist kein Geheimnis wie der ständig wolken- und nebelverhangene Ruwenzori. Ptolemäus schrieb über die „großen schneebedeckten Berge“. In der Zeit des europäischen Mittelalters fanden chinesische Historiker ähnliche Worte. 1519 berichtete der Spanier Fernandes de Encisco vom „Olymp Äthiopiens, im Westen von Mombasa. Er ist sehr hoch und liegt in einem an Gold und wilden Tieren reichen Land.“

Der erste Europäer, der ihn am 11. Mai 1848 tatsächlich sah, war der Schweizer Missionar Johann Rebmann. „Ich sah etwas Weißes oberhalb des Berges beim Dorf Chagga. Meine Führer kannten den Namen nicht, beschrieben ihn aber mit dem Wort ‚kalt‘. Es war Schnee.“ Diese Beobachtung klingt plausibel, und man kann wohl annehmen, daß ein Schweizer – wenn auch am Äquator – weiß, was Schnee ist. Der berühmte Londoner Geograph William D. Cooley tat Rebmanns Bericht jedoch als „eine absurde, unbewiesene Phantasterei“ ab. Der Streit sollte noch Jahre dauern.

Der Deutsche Karl Kaus von Decken machte dieser Diskussion ein Ende, als er 1861 einen Besteigungsversuch

132-133 *Wenn man bereits in der Nacht von der Kibo- oder der Barafu-Hütte auf den Uhuru-Gipfel (5895 m) aufbricht, kann man ihn im magischen Licht des Morgengrauens erleben.*
Foto: Stefano Ardito

unternahm. Er kam zwar nur bis in knapp 3000 Meter Höhe, doch brachte er die erste zuverlässige Beschreibung des Berges nach Europa mit. Er berichtete von dem Wald zu Füßen des Berges und von der Wüstenregion, die den Mount Kibo von den Felsen des Mawenzi, des zweithöchsten Gipfels dieser Bergkette, trennt.
In dieser Zeit begründeten die Deutschen hier ihr Kolonialreich in Afrika. 1886 beschloß Königin Viktoria, gemäß der Tradition, den Kilimanjaro ihrem Neffen, dem künftigen Kaiser Wilhelm II., zu geben. „Ich bin erstaunt, daß sich einige unserer vernünftigsten Männer einen Berg mit einem unaussprechlichen Namen in Sichtweite von Sansibar aneignen wollen", war der Kommentar des britischen Premierministers William Gladstone auf einem Regierungstreffen am 14. Dezember 1884.
Doch sollte der Kilimanjaro mit Deutschland verbunden sein. 1887 versuchte Professor Hans Meyer, ein Topograph aus Leipzig, mehrmals, den Gipfel zu besteigen. Am 6. Oktober bezwang er ihn zusammen mit Ludwig Purtscheller, einem bekannten Salzburger Bergsteiger. 1912 umrundeten Walther Furtwängler und Siegfried König den gesamten Krater auf Skiern. 1938 fanden zwei Bergsteiger aus Stuttgart einen Weg vom Süden entlang des spektakulären Decken-Gletschers auf den Kibo. 1918 wurde Tanganyika britisch, doch behielt der höchste Gipfel Afrikas seinen deutschen Namen, Kaiser-Wilhelm-Spitze, bis 1961.
Heute ist dieser Berg eines der beliebtesten Trekking-Ziele. Gruppen von Mitgliedern europäischer Alpenvereine und viele Amerikaner finden sich am Ausgangsort Marangu ein. Es kommt auch nicht oft vor, daß man ohne technische Schwierigkeiten einen Gipfel von fast 6000 Metern Höhe besteigen kann.
Zunächst geht es durch einen herrlichen Eibenwald zur Mandara-Hütte, dann durch riesige Heidepflanzen zur Horombo-Lichtung und zur Schutzhütte in Sichtweite des Mount Kibo. Dort schließt sich die bemerkenswerte Sella-Wüste an – und eine für viele schlaflose Nacht in der 4700 Meter hoch gelegenen Kibo-Hütte. Der letzte Abschnitt führt über steile Geröllfelder bis zum Krater – für viele eine die Kräfte fast übersteigende Qual. Wer nicht Kraft und Ausdauer besitzt, wird auf dem Höhenabschnitt zwischen 5100 und 5700 Metern scheitern. Doch auch dann wird das Abenteuer am Kilimanjaro unvergeßlich bleiben.
Außer von Marangu kann man auch von Machame aufsteigen. Dieser Weg ist weniger populär, aber spektakulärer und für viele interessanter. Hier geht es zunächst durch einen prächtigen Wald zum Shira-Plateau und hinab ins Barranco-Tal, bevor es – weniger anstrengend als der normale Weg – durch eine Stein- und Schneelandschaft zum Gipfel geht. Anstrengender, aber technisch einfach ist der Weg vom Shira-Plateau über die Arrow-Gletscherhütte und den Western Breach zum Gipfel.
Nur etwas für Bergsteiger sind die Aufstiege über die steilen, rauhen Heim- und Decken-Gletscher und die Steige zu den Mawenzi-Gipfeln. Für Bergsteiger, die die Herausforderung lieben, bietet sich die Breach-Wand an, das dunkle, bedrohliche Gesicht mit seinen vertikalen Eisströmen. Reinhold Messner und Konrad Renzler schafften diese eis- und steinreiche Route im Jahr 1978 als erste. Das Erlebnis des Waldes, der Eistreppen, der Raubvögel und der großen Höhe wird den besten Bergsteiger wie den bescheidenen Bergwanderer gleichermaßen begeistern.

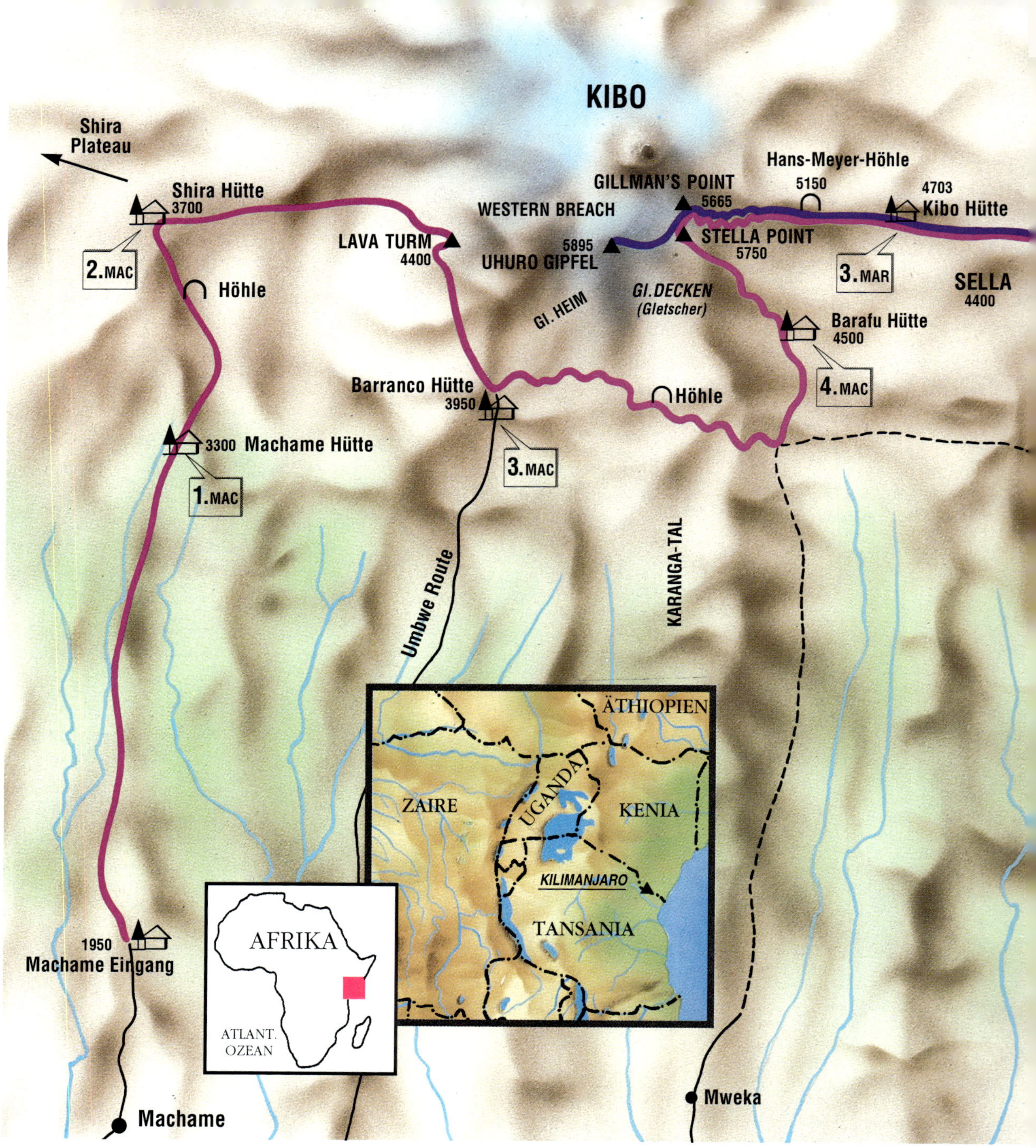

135 oben Eine Tafel am Marangu-Eingang zum Kilimanjaro-Nationalpark informiert über Höhe, Entfernungen, die Lage von Schutzhütten und den Gipfel.
Foto: Stefano Ardito

135 unten Gelegentlich trifft man Massai mit ihrem farbenprächtigen Kopfschmuck auf den Straßen zu Füßen des Kilimanjaro.
Foto: Marcello Bertinetti/White Star Archiv

Nützliche Informationen

Dauer: 5 Tage ab Marangu, 6 Tage ab Machame. 1-2 Tage Akklimatisierung sind empfehlenswert, machen das Unternehmen aber noch teurer.
Höhe: 1980 m (Marangu) bzw. 1900 m (Machame) - 5895 m
Zeit: Die beste Periode fällt mit den beiden Trockenzeiten in Tansania zusammen: Dezember bis März und Ende Juni bis September.
Formalitäten: Für Tansania besteht Visumpflicht. Der Zugang zum Park kostet etwa 400 US-Dollar und muß am Eingang in Marangu bezahlt werden.
Schwierigkeitsgrad: Die Marangu-Route bereitet keine technischen Probleme, doch sind die steilen Geröllfelder zwischen der Hans-Meyer-Höhle (5200 m) und dem Gillman's Point als eine der strapaziösesten Trekking-Routen der Welt berühmt-berüchtigt. Die Machame-Route, oft fälschlich als „schwierig" bezeichnet, verlangt Eispickel und Steigeisen auf den letzten 200 Metern vor dem Krater. Die Geröllhänge sind kürzer und fester als auf der anderen Route. In jedem Fall erfordert die große Höhe ein gutes Training und genaues Achten auf Symptome von Höhenkrankheit.
Kondition: Sehr hohe Anforderungen aufgrund der Höhe und dem schnellen Aufstieg auf 5000 m Höhe. Der Aufstieg auf den Kilimanjaro ist strapaziöser als ein langer Trek durch den Himalaya, wo die gleiche Höhe in ein bis zwei Wochen erreicht wird.
Ausrüstung: Normale Trekkingausrüstung, aber sehr gute Kleidung gegen die Kälte in Gipfelhöhe. Skistöcke sind sowohl beim Auf- als auch beim Abstieg sehr hilfreich. Steigeisen und evtl. Eispickel sind auf der Machame-Route anzuraten. Ein Zelt wird auf der Machame-Route, nicht jedoch auf der Marangu-Route gebraucht. Auf jeden Fall ist ein Schlafsack erforderlich. Die Schutzhütten auf der normalen Route sind geräumig und bequem, die auf der Machame-Route sehr primitiv und den Trägern vorbehalten – Trekker müssen im Freien campen.

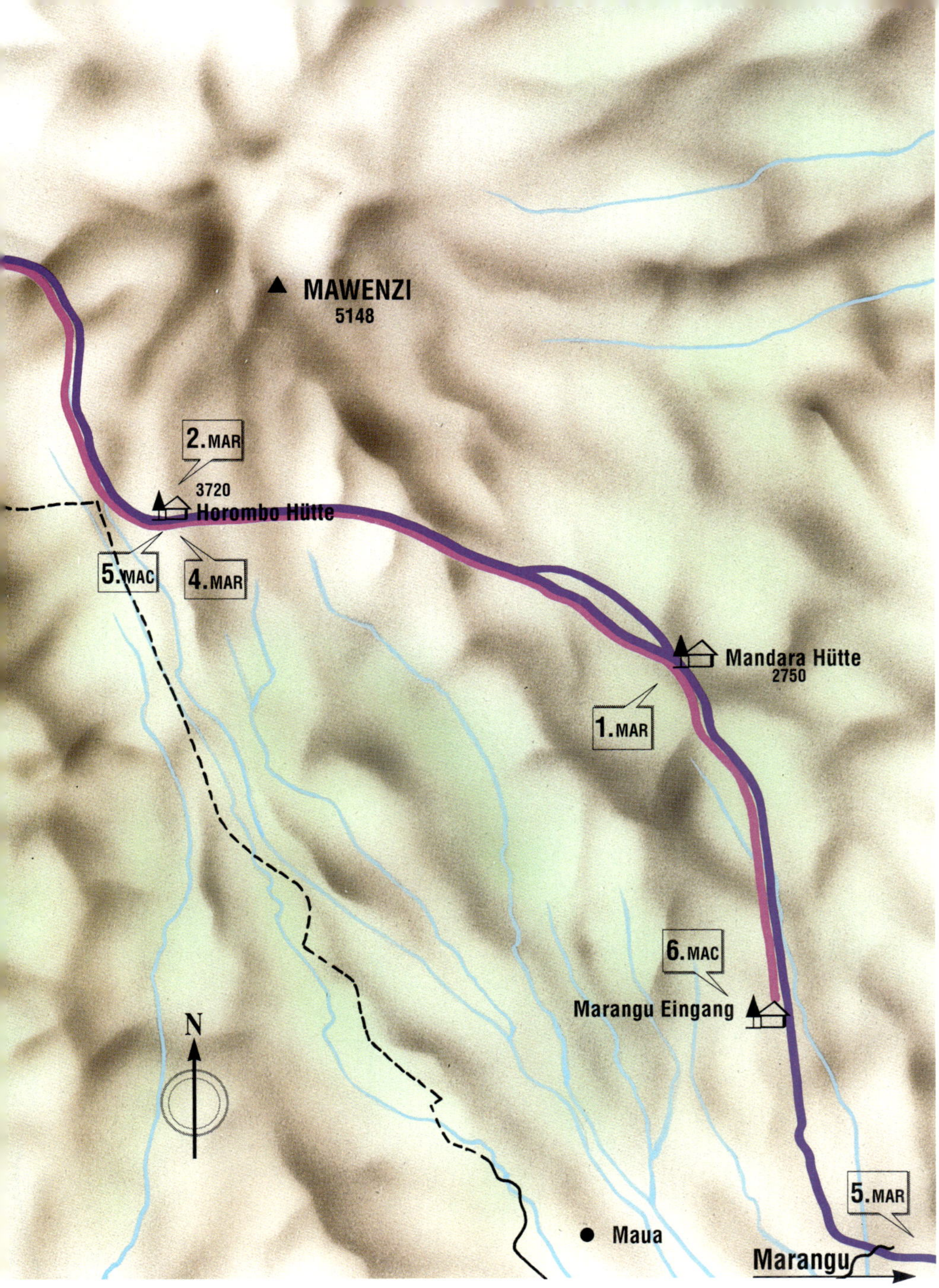

Anreise: Marangu am Fuß des Kilimanjaro ist 23 km von Moshi, 80 km von Arusha und 55 km vom Kilimanjaro International Airport entfernt. Dorthin bestehen Flugverbindungen von Dar-es-Salaam, Nairobi und mehreren europäischen Flughäfen. Straßen von Nairobi über Arusha (273 km) und von Mombasa über Moshi (277 km). Von Marangu führt eine asphaltierte Straße zum Eingang zum Kilimanjaro-Nationalpark (1980 m Höhe).
Führer und Träger: Autorisierte Führer und Träger sind Vorschrift. Die Hotels in Marangu organisieren Treks in diesem Gebiet, doch bestehen auch Möglichkeiten in Moshi und Arusha.
Umwege und Gipfel: Die Umbwe- und Shira-Routen sind einfach, aber

steiler als die Machame- und Marangu-Routen. Der 5895 m hohe Uhuru-Gipfel wird über alle Routen erreicht. Der Aufstieg auf den Mawenzi (5148 m) durch Eis und Felsen ist nur etwas für Bergsteiger.
Notfälle: Auf der Marangu-Route können die Führer und Träger Verletzte auf Rollbahren evakuieren. Auf der Machame-Route ist das schwieriger.
Karten: Walkers' Guide and Map of Kilimanjaro (offizielle Publikation des National Park Department of Tanzania) von M. Savage (1:50 000) und D.O.S. Map of Kilimanjaro (1:50 000)

Marangu-Route

1. TAG
vom Marangu-Eingang bis zur Mandara-Hütte
Höhenunterschied: 870 m
Dauer: 4 Stunden

Der erste Tag ist leicht, angenehm und gemächlich. Vom Eingang führt er zunächst durch den mächtigen Wald aus Eiben, *Macaranga kilimanjarica*, Wacholder und wilden Olivenbäumen. Hier sind die schrillen Schreie von Stummelaffen und anderen Affenarten zu hören. Waldantilopen sind jedoch selten anzutreffen. Der Weg ist breit und einfach. Im mittleren Abschnitt kann man zwischen zwei Alternativen wählen. Der letzte Abschnitt ist etwas steiler. Die geräumige und bequeme Mandara-Hütte (200 Betten; 2750 m) steht auf einer grasbewachsenen Lichtung.

2. TAG
von der Mandara-Hütte zur Horombo-Hütte
Höhenunterschied: 1020 m
Dauer: 4 Stunden

Nachdem der Regenwald verlassen wurde, geht es langsam bergan durch riesige Heidegewächse; vereinzelt trifft man auf die anmutige *Protea kilimanjarica*. Nach einer guten halben Stunde gelangt man in offenes Gelände mit Blick auf den Gipfel. Der folgende Abschnitt ist ziemlich anstrengend und monoton und führt öfters durch Täler. Schließlich wird die ebenfalls geräumige und bequeme Horombo-Hütte (3720 m) erreicht. Etwa auf dem halben Weg zweigt ein Pfad zum Maundi-Krater ab (1 Stunde extra). Zum Sonnenauf- und -untergang ist der Blick von der Hütte auf den Kibo überwältigend. Man sollte unbedingt zwei Nächte in der Horombo-Hütte bleiben, um sich zu akklimatisieren. Dies ermöglicht auch einen Abstecher zum Mawenzi-Fluß.

136 oben *Kurz unterhalb 3000 Meter erblickt man nach Verlassen des Waldes auf der Marangu-Route die Kibo-Gletscher und die Mawanzi-Felsen. Foto: Marco Majrani*

136 Mitte *Am Ende des ersten Tages verbringen die Wanderer die Nacht in der komfortablen Mandara-Hütte. Foto: Marco Majrani*

136 unten *Eine halbe Stunde vom Dorf Marangu entfernt kann man diesen prächtigen Wasserfall bewundern. Foto: Stefano Ardito*

136-137 *Vor Erreichen der Horombo-Hütte verläuft der Marangu-Weg durch Kreuzkraut-ähnliche Riesenpflanzen. Foto: Marco Majrani*

137 unten links
Auf dem ersten Abschnitt der Marangu-Route geht es durch einen Eibenwald.
Foto: Marco Majrani

137 unten rechts
Der Kibo-Krater und seine Gletscher bilden den Hintergrund zur Horombo-Hütte, die mit 200 Betten die größte Unterkunft am Kilimanjaro ist.
Foto: Marco Majrani

138 oben links *Der Weg zur Kibo-Hütte verläuft über die unwirtliche Sella. Im Hintergrund erhebt sich der Mawenzi.*
Foto: Marco Majrani

138 Mitte links *Bei der Wanderung über die Sella hat man den ganzen Tag den charakteristischen Mount Kibo vor Augen.*
Foto: Stefano Armantini/Atlantide

3. TAG

von der Horombo-Hütte zur Kibo-Hütte
Höhenunterschied: 980 m
Dauer: 4,5 Stunden

Nun geht es in die mondähnliche Landschaft des Sella, einer einzigartigen Schräge, die den Kibo vom Mawenzi trennt. Der Weg führt gemäßigt bergan, an der letzten Quelle (große Info-Tafel) vorbei und zum Sella (ca. 4400 m). Dieses muß man etwa 4 km weit in Richtung des Kibo überqueren, an dessen Seiten man den Pfad zum Krater hinauf sieht. Ein kurzes, steiles Stück führt zur Kibo-Hütte (4703 m) im Stil unserer Alpenhütten.

138 unten links
Die Kibo-Hütte ist die letzte Unterkunft auf der Marangu-Route vor der Besteigung des Gipfels. Man bricht hier kurz nach Mitternacht auf.
Foto: Marco Majrani

138 rechts *In einem zusätzlichen Tag gelangt man von der Horombo-Hütte zu den bizarren Felsnadeln des Mawenzi.*
Foto: Stefano Armantini/Atlantide

139 oben *Vom Weg zwischen Gillman's Point und dem Uhuru-Gipfel hat man einen Blick auf diese Eisterrassen an der Nordseite des Kraters.*
Foto: Marco Majrani

139 Mitte *Blick im Morgengrauen vom 5895 Meter hohen Uhuru-Gipfel auf den Mount Kibo-Krater, der die meiste Zeit des Jahres schneebedeckt ist.*
Foto: Stefano Ardito

139 unten *An den bizarren Eisterrassen zwischen dem Stella- und dem Uhuru-Gipfel.*
Foto: Stefano Ardito

4. TAG

von der Kibo-Hütte zum Uhuru-Gipfel und Abstieg zur Horombo-Hütte
Höhenunterschied: Aufstieg 1190 m, Abstieg 2170 m
Dauer: 10-14 Stunden

Dieser anstrengende Tag zum Gipfel beginnt sehr früh – schon kurz nach Mitternacht. Ein breiter Pfad verläuft zwischen riesigen Lavablöcken zur Hans-Meyer-Höhle (5150 m), wo die ersten Bergsteiger im Jahr 1889

kampierten. Hinter der Höhle beginnt der anstrengendste Teil: Der Pfad windet sich durch ein steiles Geröllfeld aus vulkanischem Gestein. An dessen Ende, das man normalerweise bei Sonnenaufgang erreicht, befinden sich die Felsen von Gillman's Point (5665 m) am Rand des Kraters. Nun geht es in leichterer Steigung entlang des Randes der Kibo-Caldera, an den Bismarck-Türmen und dem verschneiten Stella Point vorbei und schließlich über einen weiten Schnee- bzw. Geröllkamm zum Uhuru-Gipfel (5895 m). Der Abstieg erfolgt über den gleichen Weg über die Kibo-Hütte und die Horombo-Hütte. Die steilen Geröllfelder werden nun in einer halben Stunde überwunden.

5. TAG

von der Horombo-Hütte nach Marangu
Höhenunterschied: Abstieg 1820 m
Dauer: 6 Stunden

Nun geht es zum Ausgangspunkt zurück. Der Abstieg ist weitaus gemächlicher als der Aufstieg, so daß man den herrlichen Wald zwischen Mandara-Hütte und dem Parkeingang genießen kann.

MACHAME-ROUTE

1. TAG
vom Machame-Eingang zur Machame-Hütte
Höhenunterschied: 1350 m
Dauer: 4 Stunden

Der schönste Weg auf den Kibo-Gipfel beginnt im Dorf Machame, das über die Straße Moshi – Arusha erreicht wird. Allerdings müssen die Formalitäten vorher beim Marangu-Eingang erledigt werden, so daß man erst am Nachmittag losgehen kann, wenn es häufig regnet. Man kann aber auch beim Machame-Eingang campen und am nächsten Morgen aufbrechen. Vom Eingang (1950 m) steigt der Pfad gemächlich durch einen schönen Wald mit zahlreichen Blumen an (viele *Impatiens pseudoviola* und *Impatiens kilimanjari*). Die letzte Steigung führt durch felsiges Gebiet zur primitiven Machame-Hütte (3300 m).

140 oben links *Der erste Abschnitt der vielbegangenen Machame-Route verläuft in einer Höhe von 2000-3000 Meter durch dichten Wald. Foto: Marco Majrani*

140 Mitte links *Vor der Shira-Hütte geht es auf der Machame-Route über einige steile, aber leichte Felsen. Foto: Stefano Ardito*

140 unten links *Die 3950 Meter hoch gelegene Barranco-Hütte bietet eine hervorragende Aussicht auf die wildeste Seite des Mount Kibo mit seinen Wasserfällen und Gletschern. Rechts liegt der Heim-Gletscher. Foto: Stefano Ardito*

140 rechts *Kurz oberhalb der Machame-Hütte geht es durch Heidelandschaft mit dem Mount Meru (4566 m) im Hintergrund. Foto: Stefano Ardito*

2. TAG
von der Machame- zur Shira-Hütte
Höhenunterschied: Aufstieg 500 m, Abstieg 100 m
Dauer: 3 Stunden

Dieser kurze Abschnitt soll die Anstrengung des ersten Tages ausgleichen. Der Weg führt durch eine schöne Landschaft entlang eines Lava-Rückens, von wo eine herrliche Aussicht auf Kibo- und Meru-Gipfel besteht. Weiter geht es über einige Lichtungen inmitten der großen Heidepflanzen. Schließlich wird das Lava-Plateau von Shira über einen Zickzack-Weg über steinigen Boden erreicht. Gegenüber der Hütte (3700 m) befindet sich eine große Höhle.

3. TAG
von der Shira- zur Barranco-Hütte
Höhenunterschied: Aufstieg 700 m, Abstieg 450 m
Dauer: 4,5 Stunden

Dieser zunächst anstrengende Abschnitt zeigt, warum Wanderer auf dieser Route den Höhenunterschied kurz vor dem Gipfel als weniger anstrengend empfinden. Es geht im Zickzack bergan und bergab, so daß man sich gut akklimatisieren kann. Zunächst erreicht man einen riesigen Felsen und geht dann weiter über weite und öde Geröllhänge zu einem Lava-Turm und zur Arrow-Gletscherhütte. In einiger Entfernung erhebt sich die Mauer des Western Breach. Wenn man den Lava-Turm erreicht hat (ca. 4400 m), geht es steil bergab zur Barranco-Hütte (3950 m), von wo man eine herrliche Aussicht auf die Breach-Wand und die Heim- und Decken-Gletscher hat. In der Gegend wächst eine Riesenart von Kreuzkraut.

4. TAG
von der Barranco- zur Barafu-Hütte
Höhenunterschied: Aufstieg 750 m, Abstieg 200 m
Dauer: 5 Stunden

Dies wird ein schöner Tag, bevor man den Gipfel erreicht. Zunächst durchquert man das Barranco-Tal und klettert dann über einige leichte Felspassagen. Der Felsenrücken oben ermöglicht eine wunderbare Aussicht auf den Heim-Gletscher, bevor es wieder hinab ins Karanga-Tal mit einer großen Höhle (Frischwasser!) geht. Der letzte Abschnitt verläuft über einen felsigen, windgepeitschten Rücken zu den zwei Bauten der Barafu-Hütte (4500 m).

5. TAG
von der Barafu-Hütte zum Uhuru-Gipfel und zurück zur Horombo-Hütte
Höhenunterschied: Aufstieg 1490 m, Abstieg 2170 m
Dauer: 10-14 Stunden

Auch über diesen Weg zum Gipfel muß man kurz nach Mitternacht aufbrechen. Hinter der Schutzhütte verläuft ein mit Steinen markierter Pfad durch Felsenabhänge in eine breite Schlucht rechts (östlich) des Rebmann-Gletschers. Vor dem letzten, meist schneebedeckten Hang folgt ein etwas brüchiger Boden – jedoch nichts im Vergleich zum Aufstieg über die andere Route. Trotz der geringeren Steigung bildet sich hier nachts Eis – Eispickel und Steigeisen sind dann sehr von Nutzen. Am Krater beim Stella Point (5750 m) geht es links zum Uhuru-Gipfel (5895 m). Beim Abstieg geht man den Krater entlang zum Gillman's Point und dann über den anderen Weg zur Kibo- und zur Horombo-Hütte. Hier trifft man wieder auf die Träger, die von der Barafu-Hütte eine Abkürzung hierher genommen haben.

6. TAG
von der Horombo-Hütte zum Marangu-Eingang
Höhenunterschied: 1820 m
Dauer: 6 Stunden

Hinab geht es über die viel begangene Marangu-Route. Wer den anderen Weg hinauf genommen hat, wird dieses Waldstück besonders interessant finden. Von der Mandara-Hütte geht es dann ohne Probleme zum Marangu-Eingang.

141 oben *Im ersten Morgenlicht wandert eine Gruppe über die Schneefelder des Kibo-Kraters zum Uhuru-Gipfel. Foto: Stefano Ardito*

141 Mitte *Die Barafu-Hütte (4600 m), die weitaus einfacher und kleiner als die großen Berghütten auf der Marangu-Route ist, ist die letzte Unterkunft bei der Besteigung des Kibo auf der Machame-Route. Auch hier bricht man kurz nach Mitternacht auf. Foto: Stefano Ardito*

141 unten *Kurz vor dem Uhuru-Gipfel bilden diese Eisterrassen einen starken Kontrast zu dem schwarzen Vulkangestein. Foto: Marco Majrani*

Der Fish River Canyon

In der Wildnis von Namibia

142-143 *Der durch jahrtausendelange Erosion entstandene Fish River Canyon gleicht fast einer Mondlandschaft. Foto: Marc van Aarst*

142-143 *Der durch jahrtausendelange Erosion entstandene Fish River Canyon gleicht fast einer Mondlandschaft. Foto: Marc van Aarst*

Der ganz im Süden Namibias liegende Fish River Canyon ist eines der grandiosesten, doch in Europa nur wenig bekannten Naturschauspiele. Mit einer Länge von 160 Kilometern, einer Breite von bis zu 25 Metern und mit einer durchschnittlichen Tiefe von 500 Metern ist dieser Canyon, der von einem Nebenfluß des Oranje River gebildet wurde, der zweitgrößte der Erde nach dem Grand Canyon in Colorado/USA. Wie dieser ist der Fish River Canyon gleichermaßen ein geologisches Freilicht„museum" und ein phantastisches Trekking-Gebiet.
Die meisten Touristen begnügen sich mit einem Blick über dieses atemberaubende Panorama von den Aussichtspunkten der Straße am Ostufer. Für den Wanderer ist der Canyon wohl eine der faszinierendsten Touren von ganz Afrika. Der Weg durch eine wilde, spektakuläre, an Überraschungen reiche Umgebung dauert etwa fünf Tage.
Die 80 Kilometer lange Tour kann aufgrund des Klimas nur im südlichen Winter, also von Anfang Mai bis Ende August, gegangen werden. Die Rangers verlangen von jedem ein Attest, das eine gute physische Kondition bescheinigt. Es dürfen nur Gruppen von mindestens drei Teilnehmern gehen.
Um schädliche ökologische Einflüsse so gering wie möglich zu halten, dürfen pro Tag nur 40 Personen starten. Eine frühe Buchung ist daher notwendig, doch haben kleine Gruppen eventuell eine Chance, bei Absagen von gebuchten Plätzen kurzfristig teilnehmen zu können.
Der Hauptgrund für das große Interesse an dieser Tour sind die bizarren Felsformationen und die gewaltigen Felswände des Canyons.
Dazwischen liegen Schichten von Sandstein, Kalkstein, Schiefer und Granit. Auch die charakteristischen Intrusionen von Dolerit, einem Basaltgestein, sind von großem Interesse. Der Fluß selbst ist untypisch und voller Überraschungen; mit 760 Kilometern ist er der längste in Namibia und einer der wenigen mit Fischen. In Anbetracht des harten Wüstenklimas ist das Tierleben reich – nicht selten sieht man Springböcke, Klippspringer, Bergzebras und Klippschliefer. Paviane sind ziemlich zahlreich, jedoch wird man einen Leoparden, den Beherrscher der Savanne, nur äußerst selten zu Gesicht bekommen. Um Ai-Ais wurden über 60 Vogelarten registriert. Weiterhin trifft man unten im Canyon Geier und Adler, die in den vom Boden aufsteigenden warmen Luftschichten dahingleiten.
Für Vogelbeobachter besonders interessant sind die Afrikanische Schwarze Ente *(Anas sparsa)*, das Kap-Rotkehlchen *(Cossypha caffra)*, der Graureiher und der Hammerkopf *(Scopus umbretta)*, ein charakteristischer, braun gefärbter Stelzvogel, der überall im südlichen Afrika heimisch ist. An Teichen mit stehendem Wasser an den Ufern des Canyon ist eine große, aber friedliche Leguanart anzutreffen.
Die Flora ist eher spärlich – in diesem trockenen Klima überleben nur wenige Sukkulenten. Unten im Canyon verhindert regelmäßiges Hochwasser das Wachstum größerer Pflanzen; diese findet man eher in den tiefen Nebentälern des Fish River. Dort wachsen vereinzelte Ebenholzbäume und Akazien. Auch südlich der Sulphur Springs (Schwefelquellen), wo sich das Haupttal verbreitert, wachsen diese Pflanzen. Die häufigste Pflanze ist *Euphorbia gregoria*, ein Wolfsmilchgewächs, das wie die anderen Stachelgewächse an das Wüstenklima angepaßt ist.
So wild und isoliert der Fish River Canyon auch ist – er ist dem Menschen seit langem bekannt. Nach Auffassung der San, einem

primitiven Wüstenvolk, wurde der Canyon von der Schlange Koutelga Kooru geschaffen, als sie sich hierher zurückzog, um Jägern zu entkommen. Die heißen Quellen von Ai-Ais erhielten ihren Namen von den Khoikhoi. In ihrer Sprache bedeutet dieses Wort „kochend". Der südlichste Stamm des Nama-Volkes streifte durch diese öden Täler auf der Suche nach Wild; hier wurden sie auch vom deutschen Kolonialheer angegriffen. Auf dem Weg durch das Tal erinnert an diese bösen Zeiten das Grab von Leutnant Thilo von Trotha, der am Zusammenfluß von Goschadrift und Fish River fiel.
Im Jahr 1962 wurde der Canyon als Nationaldenkmal unter Naturschutz gestellt. 1965 wurde ein Wildreservat um Ai-Ais eingerichtet, und 1969 wurde das ganze Gebiet ein Nationalpark mit einer Größe von fast 50 000 Hektar.
Zwanzig Jahre später wurde der Nationalpark auf über 346 000 Hektar erweitert und umfaßt heute die einsamen und weitgehend unbekannten Huns-Berge, die sich im Westen des Fish River erheben und Reisende am ehesten an eine Mondlandschaft erinnern.

Nützliche Informationen

Dauer: 5 Tage, evtl. 6 Tage
Höhe: 250-950 m
Zeit: Der Trek ist zugänglich vom 1. Mai bis 31. August.
Formalitäten: EU-Staatsangehörige benötigen kein Visum. Für den Fish River Canyon Trek ist eine frühzeitige Reservierung erforderlich beim Reservations Office, Nature Conservation and Recreation Resorts, Private Bag 13267, Windhoek 9000, Tel. 00264-61-36975. Manchmal kann man kurzfristig für einen abgesagten Teilnehmer einspringen oder sich einer anderen Gruppe anschließen. Ein Attest über ausreichende physische Kondition, das 40 Tage vor dem Start ausgestellt wurde, ist Vorschrift.
Schwierigkeitsgrad: Keine technischen Probleme. Vorsicht jedoch bei diesem Klima – selbst im Winter kann es über 40 °C heiß werden! Der abwechselnd felsige und sandige Boden kann, besonders im ersten Abschnitt des Treks, mühsam sein und hat schon viele zum Aufgeben gezwungen. Bei Hochwasser muß der Fluß bis zu zwanzigmal durchwatet werden.
Kondition: Durchschnittlich bis hoch aufgrund des heißen Klimas, des schwierigen Geländes und der Gepäcklast.
Ausrüstung: Normale Trekkingausrüstung. Zelt und Proviant müssen mitgenommen werden. Angelhaken und -schnur sind nützlich (das Angeln ist erlaubt). Das Flußwasser ist genießbar – es ist auch das einzige Trinkwasser weit und breit.
Anreise: Die Entfernung bis zum Fish River-Nationalpark beträgt von Grünau 120 km, von Keetmanshoop 165 km, von Springbok an der Straße von Windhoek nach Kapstadt 259 km. Öffentliche Verkehrsmittel verkehren nur zu diesen Orten. Autostop von dort zum Canyon ist wegen des geringen Verkehrs schwierig. Gruppen von Trekkern müssen sich in Ai-Ais registrieren lassen, bevor sie sich zu dem 65 km entfernten Aussichtspunkt im Norden begeben, wo die Tour beginnt.

144 oben Der Fish River Canyon ist wohl der landschaftliche Höhepunkt im südlichen Namibia. Foto: Mauro Burzio

144 unten Gegen Sommerende ist das Bett des Fish River völlig ausgetrocknet – für den Wanderer wohl eine weniger geeignete Jahreszeit. Foto: KBA

Führer und Träger: Einige Agenturen in Windhoek und Kapstadt bieten organisierte Trekking-Touren an. Träger stehen nicht zur Verfügung.
Umwege und Gipfel: Es darf nicht vom Weg entlang des Flusses abgewichen werden. Die einzige mögliche Variante ist der Steig, der von den Sulphur Springs zum Hochufer führt. Er sollte im Notfall benutzt werden.
Notfälle: s.o. In dringenden Notfällen kann per Hubschrauber evakuiert werden – die Kosten sind allerdings astronomisch!
Karten: Es gibt keine zuverlässigen Karten.

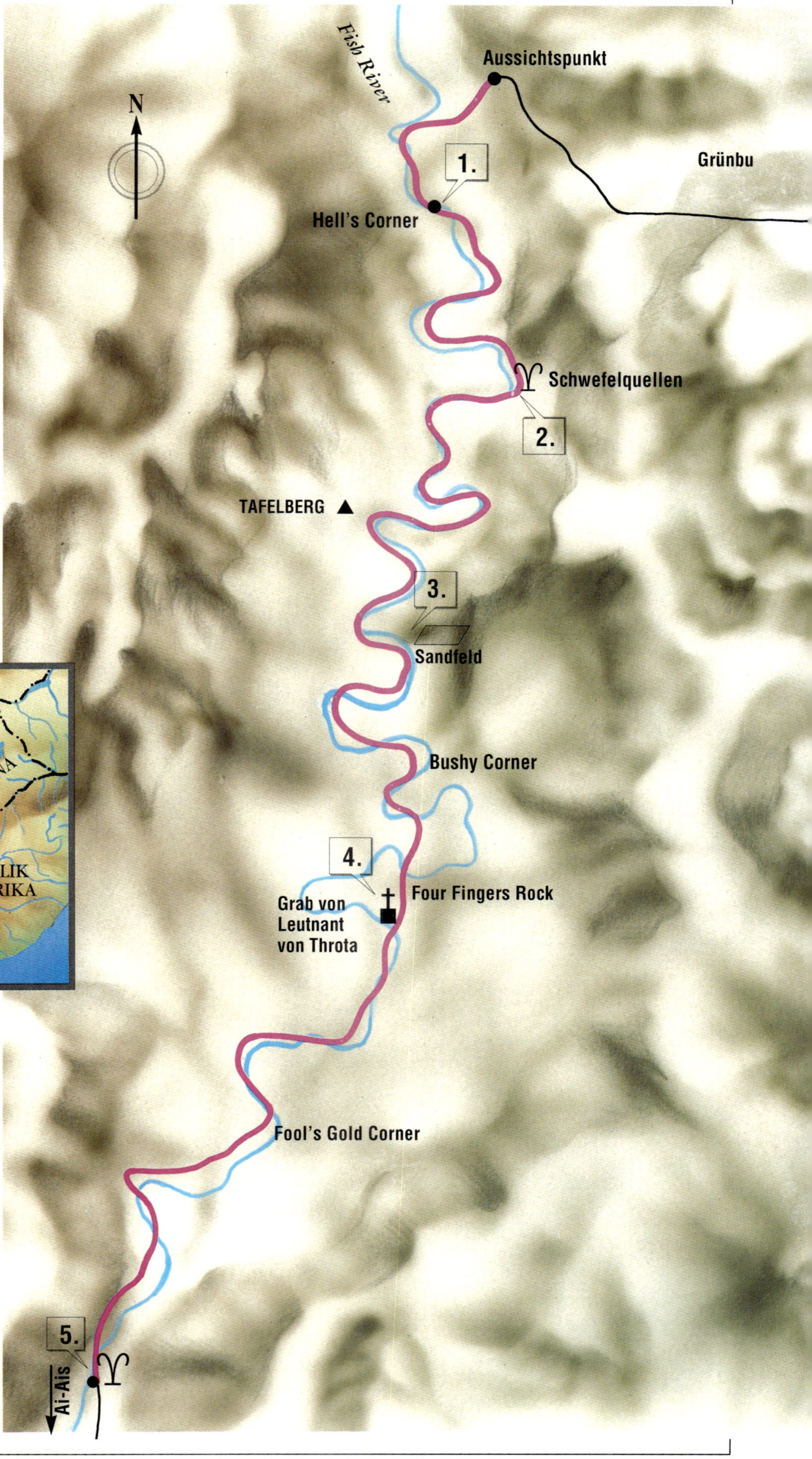

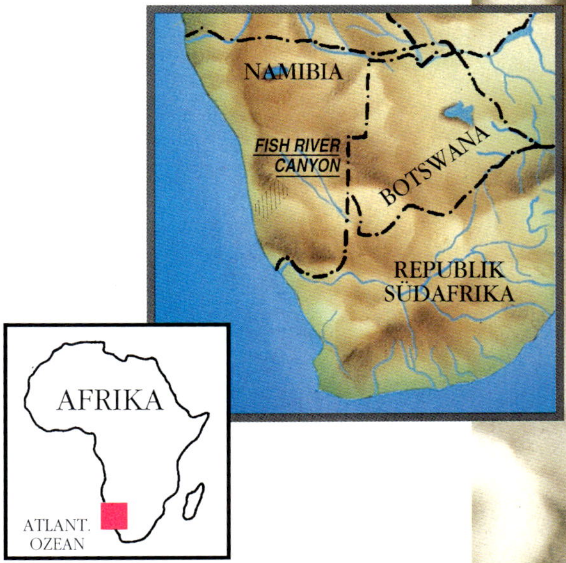

1. TAG
vom nördlichsten Aussichtspunkt bis Hell's Corner
Höhenunterschied: Aufstieg 50 m, Abstieg 600 m
Dauer: 5 Stunden

Das Stück ist nicht so anstrengend, so daß man auch später am Tag starten kann. Wer früh losgeht, kann versuchen, Sulphur Springs in einem Tag zu erreichen. Der Weg beginnt am nördlichsten Aussichtspunkt auf den Fish River. Über einen steilen und exponierten Steig, der teilweise mit Ketten gesichert ist, geht es in ca. einer Stunde 600 Meter hinab bis zum Grund. Von da ab ist der Weg leichter; er folgt dem kurvenreichen Fluß zum engsten und wildesten Bereich bei Hell's Corner. Hier tritt der Dolerit an vielen Stellen zutage. Es bestehen Campingmöglichkeiten.

2. TAG
von Hell's Corner zu den Sulphur Springs
Höhenunterschied: Aufstieg 50 m, Abstieg 100 m
Dauer: 5 Stunden

Auch dieses Stück ist relativ kurz, und man hat Gelegenheit, sich an die doch ermüdenden und unbequemen Wegverhältnisse zu gewöhnen. Weiter geht es am Fluß entlang, vorbei an zwei Dolerit-Stellen. Kurz dahinter zweigt ein Steig nach links ab, über den man im Notfall die Straße erreicht. Der Trek geht weiter in südlicher Richtung bis zu den Sulphur Springs mit einem Palmenhain.

3. TAG
von den Sulphur Springs bis zum Sandfeld
Höhenunterschied: Aufstieg 50 m, Abstieg 100 m
Dauer: 6 Stunden

Hinter den Sulphur Springs wird der Canyon breiter, und das Gelände wird steiniger, aber auch leichter begehbar. Der Weg führt direkt am

Flußufer entlang und erreicht dann eine Reihe beeindruckender Flußbiegungen, auf deren östlicher Seite (also rechts) sich die Felsenausläufer des Table Mountain (Tafelberges) erheben. Ihre Form erinnert stark an den gleichnamigen Berg bei Kapstadt. Campingmöglichkeit besteht kurz dahinter in einem schönen, charakteristischen Sandfeld zu Füßen der Canyonwände.

4. TAG
vom Sandfeld bis zu Trothas Grab
Höhenunterschied: Aufstieg 150 m, Abstieg 200 m
Dauer: 6 Stunden

Hinter dem Sandfeld geht es weiter entlang der Flußbiegungen zu einer Gegend mit etwas reicherer Vegetation, der Bushy Corner. Hinter einer weiteren Flußbiegung entfernt sich der Pfad vom Fluß und nimmt eine Abkürzung über eine Anhöhe auf der westlichen Seite. Dann muß der Fish River in der Nähe einer charakteristischen Felsturm-Formation (Four Fingers Rock) überquert werden. Es folgt eine längere Abkürzung, die in die Nähe des Grabes von Leutnant Thilo von Trotha am Fish River führt.

5. TAG
von Trothas Grab nach Ai-Ais
Höhenunterschied: Aufstieg 100 m, Abstieg 150 m
Dauer: 7 Stunden

Dieser längere Abschnitt bereitet keine besonderen Probleme. Der Weg führt nun direkt nach Ai-Ais, wo man in den Thermalquellen ein erfrischendes Bad nehmen kann. Zunächst geht es fast geradeaus zu einer schönen Basaltplatte, dann weiter zur Fool's Gold Corner und zu den Ruinen einer Siedlung. Am Ende, wo der Canyon allmählich aufhört, liegt Ai-Ais.

146 oben *Vom nördlichen Aussichtspunkt, dem wohl interessantesten in der Fish River Conservation Area, hat man einen weiten Ausblick auf den Fluß und den Canyon.*
Foto: Hein von Horsten/A.B.P.L.

146 Mitte *Bevor es tief in den Canyon hinuntergeht, hat man einen letzten Blick auf die weite, karge Landschaft.*
Foto: Hein von Horsten/A.B.P.L.

146 unten *Diese beiden Antilopen scheinen für den Fotografen am Canyonrand zu posieren.*
Foto: Camerapix

147 oben *Hier führt der Weg am linken Ufer des Fish River entlang, wo trotz des Wüstenklimas eine dichte Vegetation gedeiht.*
Foto: KBA

147 Mitte oben *Eine der etwa zwanzig Stellen, an denen der Fish River überquert werden muß. Bei höherem Wasserstand gibt es hier nasse Füße!*
Foto: Hein von Horsten/A.B.P.L.

147 Mitte unten *Da die Temperaturen mittags extrem hoch werden können, sollte man die Dämmerungsstunden zum Wandern nutzen.*
Foto: Hein von Horsten/A.B.P.L.

147 unten *Die komfortablen Thermalquellen von Ai-Ais bieten eine willkommene Erholung nach der strapaziösen Wanderung durch den Canyon.*
Foto: Roger de la Harpe/A.B.P.L.

Durch die Cedarberge

Wildnis und Leopardenspuren in den
Bergen der Kap-Provinz

Kolonien lärmender Seevögel bei Lambert's Bay und Langebaan, Namaqualand-Blumen, die urplötzlich die Wüste bunt färben, Plantagen von Zitrusfrüchten, bizarre Felsformationen und die weite Hochebene... Von den vielen spektakulären Straßen in Südafrika ist die über sechshundert Kilometer lange Straße von Kapstadt zum Oranje-Fluß und zur namibischen Grenze für den Naturliebhaber eine ständige Folge von Eindrücken, Landschaften und Naturdenkmälern. Während der ersten Stunde begrenzen die Berge des „Hottentotten-Holland" den Horizont im Osten. In der zweiten Stunde bekommt die Landschaft durch die Orangen-, Limonen und Grapefruit-Plantagen einen grünen Schleier, und allmählich wird es dann unwirtlich. Der Olifants River erweitert sich zu dem großen künstlichen See von Clanwilliam, und die Landschaft wird felsig. Im Osten erstreckt sich am Horizont eine Bergkette, die etwas an die Mittelmeerregion erinnert. Doch bis dorthin geht es noch eine halbe Stunde über eine Piste, die die Gebäude im holländischen Kapstil von Clanwilliam mit der Forststation Algeria verbindet, von wo es dann in das Naturschutzgebiet der Berge geht.

Besonders die Cedarberge sind bei den Wanderern aus der Kap-Provinz beliebt. Ihre höchste Erhebung ist der 2028 Meter hohe Sneeuberg, ein Felsrücken, der an den kältesten Tagen des südafrikanischen Winters durchaus auch schneebedeckt sein kann. Doch richtet sich das Interesse der Wanderer mehr auf die außergewöhnlichen Felsformationen, die sich plötzlich aus der Ebene erheben, wie z. B. das Malteserkreuz und der Wolfsberg-Bogen.

Völlig unerwartet tauchen zwischen den Felsen kleine Gruppen von Pavianen und Antilopenarten wie z. B. Klippspringer auf, obwohl Reptilien und die Raubvögel, die unaufhörlich am Himmel kreisen, weitaus häufiger sind. Der Kapfuchs und die wenigen Leoparde, die hier noch leben, verraten ihre Anwesenheit allenfalls durch ihre Spuren.

So wild und urtümlich die Landschaft der Cedarberge dem Wanderer auch erscheinen mag – der Mensch hat hier tief eingegriffen. Der erste Weiße, der diesen Teil der Kap-Provinz 1661 durchquerte, Jan Dunckert, berichtete von weiten und wohlriechenden Zedernwäldern *(Widdringtonia cedarbergensis)*, nach denen die Berge ihren Namen erhielten.

Hundert Jahre später waren die Holzfäller in vielen Gegenden der Cedarberge bereits am Werk, was man noch heute an den vielen Asphaltstraßen und Forstwegen sieht, über die heute die Wanderer ziehen. Erst 1876 wurde dem unkontrollierten Einschlag Einhalt geboten. Trotzdem sind heute die Wälder, die den Bergen ihren Namen gegeben haben, in weiten Bereichen völlig verschwunden.

Ein Besuch des Cedarberg-Naturschutzgebietes sollte aber nicht nur mit der zigsten Verurteilung dieses Naturfrevels des weißen Mannes verbunden sein – man sollte vielmehr die einzigartigen Felsformationen, die Höhlen mit den vorgeschichtlichen Zeichnungen, die abgelegenen Farmen mitten in einer einsamen und etwas unheimlichen Landschaft betrachten – und selbst wenn man nur für ein paar Stunden hierher kommt.

Wanderungen von einigen Stunden Dauer, die keine Erlaubnis erfordern, führen zu den bizarren und spektakulären Silhouetten des Malteserkreuzes, des Wolfsberg-Bogens und vieler anderer Felsformationen.

Wer länger wandern will, muß sich jedoch an die wie überall in

148-149 Dieser herrliche Bogen in den Cedarbergen entstand durch die ständigen Erosionskräfte; die Gesetze der Schwerkraft scheinen hier nicht zu gelten. Foto: Hein von Horsten/A.B.P.L.

Südafrika strengen Regeln des Cedarberg-Naturschutzgebietes halten. Anders als in den Nationalparks sind die Routen nicht vorgeschrieben. Doch sind täglich nur 50 Wanderer in jeweils einem der drei Abschnitte zugelassen, in die das 71 000 Hektar große Naturschutzgebiet unterteilt wurde. Am besten bucht man vorher für Wochenenden im Frühjahr oder Herbst, da dann der Andrang am größten ist, so daß man keine Enttäuschung erlebt. Die Wahl der besten Wanderzeit in diesem Gebiet sollte sorgfältig erfolgen. Im südafrikanischen Sommer – Dezember bis März – ist die Sonne in der Ebene und in den Cedarbergen sengend heiß – nichts für Menschen, die ein solches Klima nicht gewohnt sind. Für die meisten sind Frühjahr und Herbst die geeignetste Zeit. Der in den Cedarbergen oft sehr kalte Winter bietet eine kristallklare Luft und vielleicht den Anblick einer *Protea cryophila*, einer der seltensten Pflanzen des Kontinents.

Die hier vorgestellte Route ist zwar ziemlich lang, aber nicht zu anstrengend, und führt durch die charakteristischsten Landschaften dieser Region. Es geht auf den Sneeuberg (2028 m) und den Tafelberg (1968 m), die beiden höchsten Gipfel der Cedarberge und der gesamten Kap-Provinz. Selbst in den relativ milden südafrikanischen Wintern liegt hier oft Schnee.

Der erste Aufstieg ist sehr leicht, der zweite erfordert eine Felsenkletterei (Schwierigkeitsgrad II-III), bei der Bergunerfahrene auf jeden Fall abgesichert sein müssen. Die Besteigung des Tafelberges ist sehr interessant, selbst wenn man nur bis unten an den Kamin geht, durch den es zum Gipfel führt. Der Sneeukop (1930 m), der dritthöchste Berg der Kette, kann auch noch bestiegen werden. Wer es nicht so anstrengend möchte, kann selbstverständlich auf die Gipfelbesteigungen verzichten. Doch der eleganteste „Gipfel“ der Cedarberge ist ein anderer. Am ersten Tag der Tour, am Ende der leichten Kletterei aus der Furt durch den Dwarsrivier, wird das Malteserkreuz erreicht, eine schöne Formation von etwa 40 Metern Höhe und in der charakteristischen Kreuzform. Dieser trotz seiner bescheidenen Dimensionen bei Kletterern sehr beliebte Fels bietet besonders bei Sonnenuntergang ein bemerkenswertes Schauspiel.

Wer auf die Besteigung des Sneeubergs verzichtet, hat fast bis zum Sonnenuntergang einen herrlichen Blick dorthin; die nahe gelegene Sneeuberg-Hütte bietet dann Unterkunft.

150 Zu Beginn des südlichen Frühjahrs, zwischen Ende August und Ende September, sind die blühenden Steppen von Namaqualand besonders sehenswert.
Foto: Colla Swart/A.B.P.L.

Nützliche Informationen

Dauer: 5 Tage, oft auch 4 Tage
Höhe: 580 m (Algeria)-2028 m (Sneeuberg)
Zeit: Das ganze Jahr über, doch am besten im Frühjahr oder Herbst. Wer winterliche Verhältnisse gewohnt ist, kann auch im Winter (Juni-August) durch die Cedarberge wandern. Im Sommer ist es extrem heiß.
Formalitäten: Mehrtätige Wanderungen erfordern eine Erlaubnis des Chief Nature Conservator, Private Bag XI, Citrudal 7340, Tel. 0027-2682-3440. Die Erlaubnis wird dann an der Forststation Algeria ausgehändigt.
Schwierigkeitsgrad: Die einzigen technischen Probleme des Treks (ein Kamin des Grades II-III) bestehen bei der Besteigung des Tafelberges, auf die verzichtet werden kann. Man sollte die intensive Sonnenstrahlung nicht unterschätzen. Auch sind die Wege nicht immer deutlich markiert.
Kondition: durchschnittlich
Ausrüstung: Normale Trekkingausrüstung. Schlafsack, Schlafmatte und Kocher sind in den Schutzhütten nötig. Ein Zelt ist nötig, falls die Hütten von Rangers oder Forschern besetzt sind. Am besten nimmt man eines mit nach Algeria und kann dort entscheiden, ob man es weiter mitnimmt. Im Naturschutzgebiet ist Feuer im Freien verboten.
Anreise: Clanwilliam ist etwa 200 Kilometer von Kapstadt entfernt und liegt an der Straße nach Sprinbok und Namibia. Von dort 15 km über eine Piste zur Forststation Algeria (580 m) und in das Cedarberg-Naturschutzgebiet. Dort nach 13 km die Cedarberg-Farm (870 m). Nach Clanwilliam bestehen Busverbindungen, danach muß man gehen oder auf eine Mitfahrgelegenheit hoffen.
Führer und Träger: keine
Umwege und Gipfel: Die beiden Hauptgipfel der Cedarberge liegen auf dem Weg, von dem aus der Sneeukop (1930 m), der dritthöchste Gipfel, ebenfalls erreicht werden kann. Eine interessante Variante führt von Sanddrif zur Welbedacht-Höhle, vorbei am Wolfsberg-Bogen, einer weiteren attraktiven Felsformation.
Notfälle: Hilfe kann geleistet werden auf der Cedarberg-Farm und den Forststationen Welbedacht und Algeria. Alle liegen auf der Straße, die von Norden nach Süden durch die Bergkette verläuft.
Karten: Am besten Cedarbergs (1:50 000), herausgegeben von der Forstverwaltung

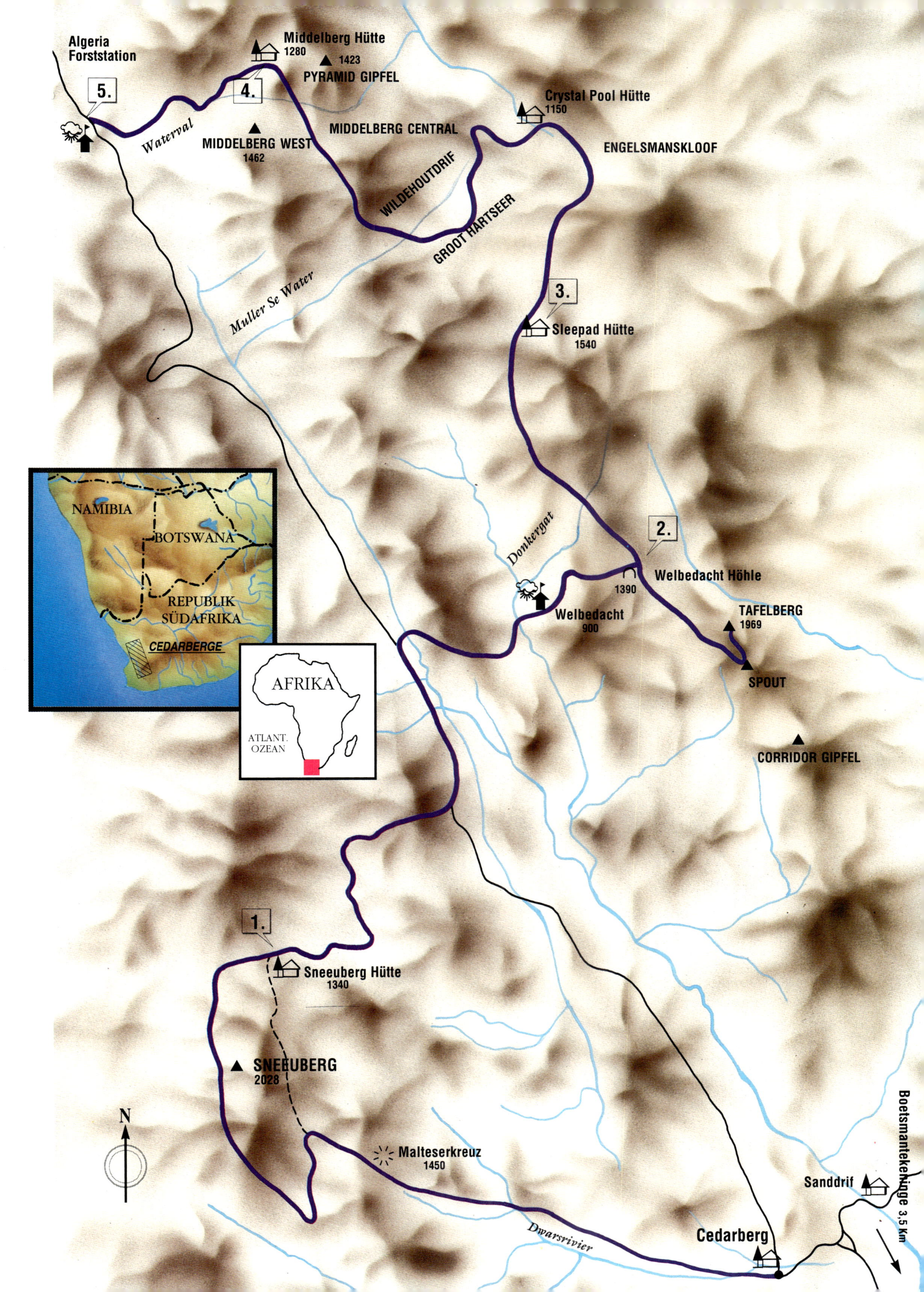
Algeria
Forststation
Middelberg Hütte
1280
1423
PYRAMID GIPFEL
5.
4.
Waterval
MIDDELBERG WEST
1462
MIDDELBERG CENTRAL
Crystal Pool Hütte
1150
ENGELSMANSKLOOF
WILDEHOUTDRIF
GROOT HARTSEER
Muller Se Water
3.
Sleepad Hütte
1540
NAMIBIA
BOTSWANA
REPUBLIK
SÜDAFRIKA
CEDARBERGE
AFRIKA
ATLANT.
OZEAN
Donkergat
2.
Welbedacht Höhle
1390
Welbedacht
900
TAFELBERG
1969
SPOUT
CORRIDOR GIPFEL
1.
Sneeuberg Hütte
1340
SNEEUBERG
2028
N
Malteserkreuz
1450
Dwarsrivier
Cedarberg
Sanddrif
Boetsmantekehinge 3,5 Km

1. TAG

von der Cedarberg-Farm zum Sneeuberg und zur Sneeuberg-Hütte
Höhenunterschied: Aufstieg 1100 m, Abstieg 720 m
Dauer: 6 Stunden

Die Cedarberg-Farm in der südwestlichen Ecke der Berge (850 m) ist Ausgangspunkt für diese Tour und viele kürzere Wanderungen. Wer schon am Vortag ankommt, sollte die Felsenzeichnungen bei Boetmantekeninge anschauen, 3,5 km südlich der Farm auf dem Weg zur Matjesrivier-Farm. Vom selben Weg führt nach etwa 1 km ein Abstecher zur Sanddrif-Farm, wo man campen oder einen Bungalow mieten kann. Von der Cedarberg-Farm geht es zunächst 3 km weit in Kurven bis zum Sneeuberg. Nach Durchqueren des Dwarsrivier führt ein mit kleinen Erdhügeln markierter Pfad in eine Felsschlucht und hoch zum Malteserkreuz (1450 m), einer der bekanntesten Felsformationen in Südafrika. Weiter geht es über das Plateau und dann nach links in einer Kletterei zum großen Rücken, der rechts zum Sneeuberg-Gipfel (2028 m) führt. Der Abstieg erfolgt über den Nordrücken zu einem Plateau, von wo aus man linker Hand die Sneeuberg-Hütte (1340 m) erreicht. Hierher führt auch ein direkter Weg vom Malteserkreuz (etwa 1 Stunde).

152 oben links *Es scheint fast, als ob diese Felsen in den Cedarbergen von einem modernen Künstler bemalt worden wären.*
Foto: Mauro Burzio

152 oben rechts *Felsenmalereien in der Nähe der Boetsmantekeninge-Felsen.*
Foto: Stefano Ardito

152 Mitte *Auch diese spektakulären Felstürme über den Cedarberg-Tälern sind das Werk der Erosionskräfte.*
Foto: Hein von Horsten/A.B.P.L.

2. TAG

von der Sneeuberg-Hütte zur Welbedacht-Höhle
Höhenunterschied: Aufstieg 550 m, Abstieg 480 m
Dauer: 3,5 Stunden

Auf diesem kurzen, aber interessanten Abschnitt geht es in den östlichen Teil der Cedarberge, wobei man die Straße von der Cedarberg-Farm kreuzt. Von der Schutzhütte führt ein Fahrweg nach Westen hinunter in ein Tal. Dieses verläßt man nach Norden und stößt dann auf die Straße (910 m), die die Cedarberge durchquert. Über diese Straße geht es 2 km weit, bevor man nach rechts abbiegt. Nach weiteren 2 km kommt man zur Forststation Welbedacht (900 m) bei einer ehemaligen Farm. Nachdem man das Tal des Driehoek River verlassen hat, führt ein Pfad bergan durch die charakteristischen Felsformationen. Kurz vor dem Hochplateau kommt die Welbedacht-Höhle (1390 m) oberhalb des Tales. Wer die Höhle bis zum Mittag erreicht, kann am Nachmittag den Tafelberg besteigen und am nächsten Tag zur Crystal Pool-Hütte wandern; hierdurch läßt sich der Trek um einen Tag verkürzen.

3. TAG

von der Welbedacht-Höhle auf den Tafelberg und zur Sleepad-Hütte
Höhenunterschied: Aufstieg 820 m, Abstieg 670 m
Dauer: 6 Stunden

Von der Höhle führt ein kurzer Weg zu der Piste (1430 m), die Die Trap überquert, den flachen Gürtel über die Cedarberg-Hänge. Hier geht man ein kurzes Stück nach rechts und dann hoch in die Tafelberg-Felsen, an deren rechter Seite sich der Spout (dt.: Tülle) befindet, dessen Name daher kommt, daß der ganze Berg wie eine Teekanne aussieht. Nachdem man den kleinen Sattel zwischen Spout und Tafelberg erreicht hat, geht es durch eine Felsschlucht steil bergan und dann senkrecht durch einen etwa 10 m hohen Kamin. Hierzu ist Klettererfahrung nötig (Grad II-III). Dahinter erstreckt sich das Gipfelplateau (1969 m). Zurück geht es wieder zur Höhle und von dort über die Piste nach Norden. Der Donkergrat River wird überquert, dann erreicht man die Sleepad-Hütte (1540 m).

4. TAG

von der Sleepad-Hütte zur Middelberg Hütte
Höhenunterschied: Angaben fehlen
Dauer: 5 Stunden

Dieser kurvenreiche Weg führt durch eine sehr abwechslungsreiche Landschaft mit Aussichtspunkten und der Chance, Protea, Bambus und andere seltene Pflanzen entlang des Flusses Mullerse Water zu sehen. Von der Middelberg-Hütte kann man in einem Tag zur Forststation Algeria hinunterwandern. Zunächst folgt man der Die Trap etwa eine Stunde lang; dann geht es links (nördlich) hinab in das Engelmanskloof-Tal. An dessen Ende muß man rechts um die Felsen herum abzweigen und steigt kurz zur Crystal Pool-Hütte (1150 m) hinauf. Von dort aus geht es nach Westen, zunächst ein längeres ebenes Stück, dann steil bergab entlang des Groot Hartseer-Rückens und zu den Tälern des Wildehoutdrif und des Mullerse Water, wo man eine Rast einlegen sollte. Ein letztes Stück bergan führt zur Middelberg-Hütte (1280 m).

5. TAG

von der Middelberg-Hütte nach Algeria
Höhenunterschied: Abstieg 650 m
Dauer: knapp 2 Stunden

Vor dem letzten, sehr kurzen Stück des Weges kann man noch schnell zu den nahegelegenen Erhebungen Middelberg West (1462 m) und Pyramid-Gipfel (1423 m) gehen, von wo man einen letzten Blick auf die breiten Rücken der Cedarberge hat (insgesamt 1,5 Stunden). Hinter der Hütte geht es nun in den letzten existierenden Zedernwald dieser Berge. Ein sehr schönes Wegstück führt durch dichte Vegetation am Ufer des Waterval, und dann geht es steil bergab zur Brücke über den Rondegat River und zur Forststation Algeria (580 m), wo man in einem nahegelegenen Weiher ein erfrischendes Bad nehmen kann.

152 unten *Das auch mit dem Fahrzeug erreichbare Malteserkreuz ist einer der interessantesten Monolithe im südlichen Afrika.*
Foto: Hein von Horsten/A.B.P.L.

153 oben links *Bizarre Felsformationen in der Nähe des Malteserkreuzes.*
Foto: Mauro Burzio

153 unten links *Der Weg von Clanwilliam und der Forststation Algeria verläuft durch das einsame Driehoek River-Tal inmitten der Cedarberge.*
Foto: Mauro Burzio

153 oben rechts *Zwischen den Cedarbergen öffnen sich immer wieder unerwartet tiefe Täler.*
Foto: Mauro Burzio

153 unten rechts *Wasser ist in den trockenen Cedarbergen eine Kostbarkeit.*
Foto: Mauro Burzio

DER OTTER TRAIL

An der wilden Tsitsikama-Küste

154-155 *Nachdem man das Besucherzentrum und die Chalets des Tsitsikama-Nationalparks hinter sich gelassen hat, verläuft der Otter Trail dicht an der felsigen Küste entlang.*
Foto: Stefano Ardito

Unter den vielen tausend Naturwundern und den großen Kontrasten des „Planeten Südafrika" verdient der Tsitsikama-Nationalpark besondere Erwähnung. Er liegt direkt am südlichsten Küstenabschnitt, am stürmischen Indischen Ozean, und bietet eine faszinierende Mischung aus Wäldern, Klippen, versteckten Stränden, Flußmündungen und Aussichtspunkten über das weite Meer, wo gar nicht so selten verschiedene Walarten zu sehen sind. Die Anreise zum Outeniqua-Gebirge, das den feuchten und regnerischen Küstenstreifen von der wüstenähnlichen Great Karoo-Steppe trennt, beträgt von Port Elizabeth nur zwei bis drei Stunden und von Kapstadt sechs bis sieben Stunden. Das schon seit langem besiedelte Steppengebiet besitzt aber auch Wälder. Westlich an den Tsitsikama-Park schließen sich die Strände von Knysna, Mossel Bay und Plettenberg Bay an, die die bekannte Garden Route verbindet. Hier tummeln sich im südlichen Sommer die Schwimmer und während des ganzen Jahres Segler und Surfer. In unserem Sommer nähern sich dort Wale der Küste – sie zu beobachten ist ein faszinierendes Erlebnis.

Der Höhepunkt ist jedoch der Tsitsikama-Park. Abseits der Hauptstraße führt ein kurzer Weg durch Felder zum Parkeingang, wo sich die Landschaft schlagartig ändert. Zur Küste hin ist der steil zu den Klippen abfallende, herrliche Regenwald noch intakt. Hier ist das außergewöhnliche *South African Hiking Way System* (Wanderwegenetz) angelegt. Auf einer fünftägigen Tour bietet der Otter Trail phantastische An- und Aussichten. Je nach Jahreszeit und Wetterverhältnissen erinnert die Landschaft sowohl an Schottland als auch an das Mittelmeer; Flora und Fauna sind natürlich typisch südafrikanisch. Die von zahlreichen Flüssen durchkreuzten, dichten Wälder bieten dem Naturfreund herrliche Baum-, Busch und Farnarten. In den lichteren Regionen wachsen viele Protea-Arten, das Pflanzen-Wahrzeichen des Landes.

Die interessanteste Tierart ist der selten zu sehende, nachtaktive Kap-Otter *(Aonyx capensis)*, nach dem dieser Weg benannt ist. Dieses schöne Tier kann bis zu eineinhalb Meter lang und über 15 Kilogramm

155 *Der Wald des Tsitsikama-Nationalparks oberhalb der Küste des Indischen Ozeans hat noch seine üppige, ursprüngliche Vegetation. Foto: Lanz von Horsten/A.B.P.L.*

156 Wenige Meter von der Küste markiert dieser prächtige Wasserfall die Grenze des Otter Trail-Abschnitts, der ohne Formalitäten zugänglich ist. Von hier bis zur Ngubu-Hütte benötigt man eine (lange!) vorher zu beantragende Erlaubnis. Foto: Stefano Ardito

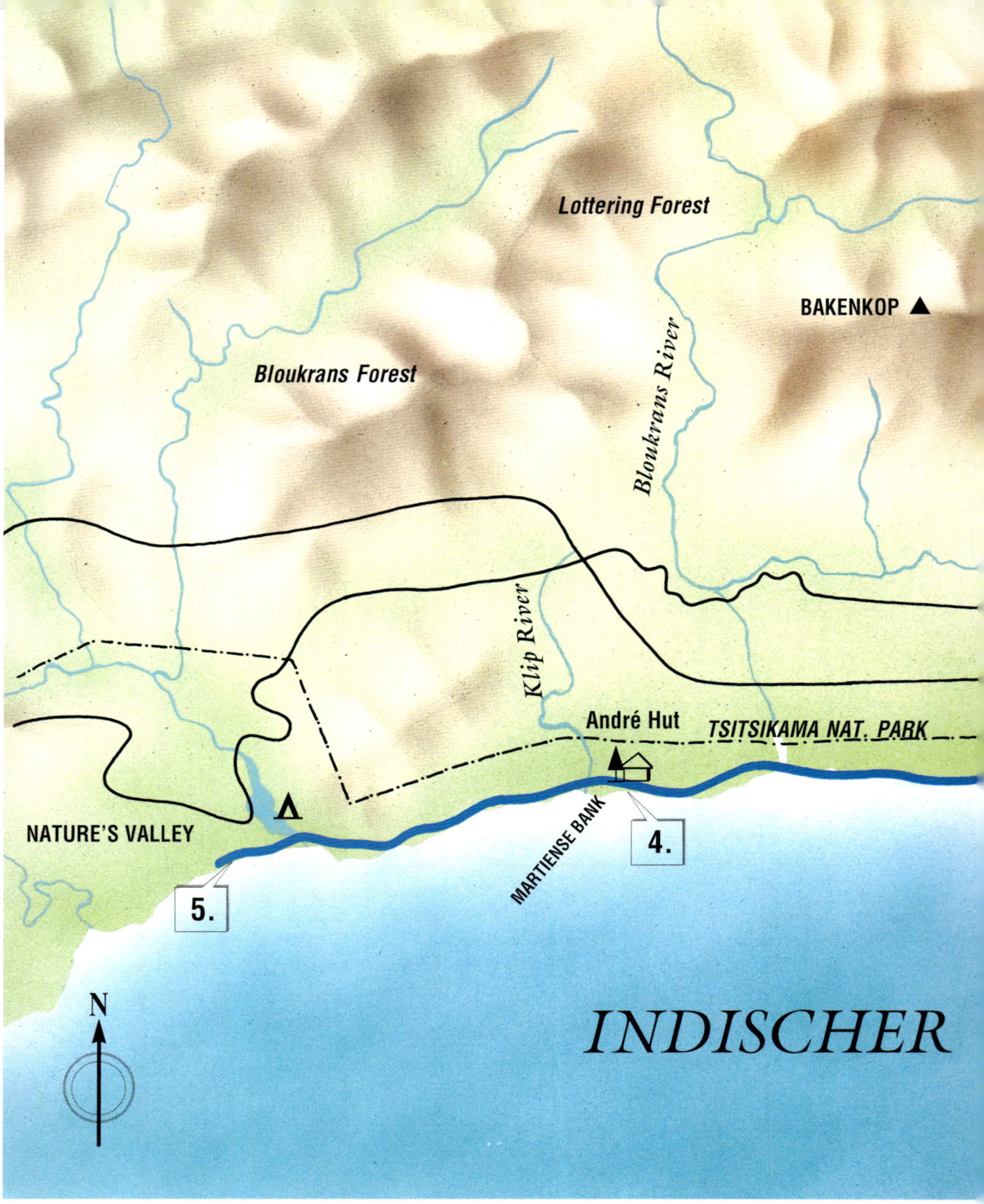

schwer werden. Es ernährt sich meist von Fröschen, Krabben und Fischen.
In dem 70 Kilometer langen und bis zu fünf Kilometer breiten Tsitsikama-Nationalpark ist das Angeln verboten. Der Park wurde 1968 offiziell eingerichtet, und bald darauf wurde der Otter Trail der beliebteste Trek von ganz Südafrika. Da nur maximal zwölf Trekker pro Tag zugelassen werden, muß mehr als ein Jahr im voraus gebucht werden. Diese Begrenzung hat ökologische Gründe, stellt für Ausländer aber ein größeres Hindernis dar.
Doch auch ohne frühzeitiges Buchen bietet der Tsitsikama Naturfreunden und Wanderern reiche Möglichkeiten. An der Küste um die tief eingeschnittene Mündung des Storms River, unterhalb des dunklen Regenwaldes, verlaufen mehrere herrliche Wanderwege. Hierfür benötigt man auch keine spezielle Genehmigung. Eine solche Wanderung dauert drei bis vier Stunden und vermittelt Eindrücke des dichten Küstenwaldes, der gewaltigen Felsenküste um die Guano Cave und prächtiger Wasserfälle über weite Wegabschnitte.
Draußen im Meer tauchen oft Wale auf. In den Wäldern sieht man mit etwas Glück die zierlichen, scheuen „Duiker", die Waldantilopen. An der Felsenküste, besonders um den Campingplatz und das Storms River-Informationszentrum, sieht man *Hyrax* (Klippschliefer), kleine Tiere, die wie Dachse aussehen, zoologisch aber mit den Elefanten verwandt sind. Durch ihren Anblick könnte man sich fast in die Höhen des Kilimanjaro und des Mount Kenya versetzt fühlen.

Nützliche Informationen

Dauer: 5 Tage
Höhe: 0-150 m
Zeit: ganzjährig, doch am besten von Oktober bis April
Formalitäten: Die Zahl der Trekker auf dem Otter Trail ist begrenzt; es ist die beliebteste Tour in ganz Südafrika. Man muß mindestens ein Jahr im voraus buchen beim National Parks Board in Pretoria oder Kapstadt (P.O. Box 787, Pretoria 0001, Tel. 0027/12/343 19 91; P.O. Box 7400, Roggebaai 8012, Tel. 0027/21/222 28 10). Maximal zwölf Personen pro Tag sind zugelassen.
Schwierigkeitsgrad: Keine technischen Probleme. Bei starkem Regen Vorsicht vor Hochwasser an den Flüssen!
Kondition: Durchschnittlich. Es geht abwechselnd bergauf und bergab.

Ausrüstung: Normale Trekkingausrüstung mit einem guten Anorak, Schlafsack und Proviant für die Dauer des Treks. Die Schutzhütten verfügen über Betten mit Matratzen und Holzherde. Eine Wasserflasche ist wichtig, da unterwegs wenig Trinkwasser zu finden ist. Nützlich ist ein Fernglas zur Beobachtung der Vögel und der Wale im Meer, weiterhin Taucherbrille und Schwimmflossen. Tsitsikama ist auch ein Meerespark, und Tauchen bietet spektakuläre Eindrücke.
Anreise: Das Besucherzentrum des Tsitsikama-Nationalparks an der Mündung des Storms River wird über eine kurze Zufahrtsstraße von der Küstenstraße zwischen Kapstadt und Port Elizabeth erreicht, Abzweigung zwischen Plettenberg Bay und Humansdorp. Gute Busverbindung.
Führer und Träger: gibt es nicht.
Umwege und Gipfel: Man darf nicht vom Weg abweichen. Vor dem Beginn kann man kürzere Wege um das Besucherzentrum wandern. Der Tsitsikama Trail, ein interessanter Trek mit fünf Etappen, beginnt am Nature's Valley und führt hinter dem Tsitsikama entlang des Outeniqua-Gebirges. Wanderer mit guter Kondition können beide Touren verbinden.
Notfälle: Alle Schutzhütten sind leicht zu erreichen und verfügen über Funk.
Karten: Am besten ist die Karte des National Hiking Way Board im Maßstab 1:50 000. Weniger detailliert ist die Garden Route-Karte von Map Studio im Maßstab 1:100 000.
Führer: An Ort und Stelle ist erhältlich The Otter Trail and the Tsitsikama Coastal National Park von Patrick Wagner.

1. TAG

vom Storms River zur Ngubu-Hütte
Höhenunterschied: insgesamt 200 m
Dauer: 3 Stunden

Am Besucherzentrum werden die Wanderer zunächst durch einen Videovortrag mit dem Otter Trail bekannt gemacht. Hinter dem Campingplatz und den Hütten beginnt der Weg, markiert mit gelben Otterpfoten-Zeichen. Man gelangt durch den dichten Küstenwald zur Felsenküste, wandert an der Guano Cave vorbei über eine leichte Steigung zu einem herrlichen Wasserfall. Von dort führt der Weg zurück in den Wald und wieder an die Küste zur Ngubu-Hütte.

2. TAG

von der Ngubu-Hütte zur Scott-Hütte
Höhenunterschied: insgesamt 350 m
Dauer: 4 Stunden

Der zweite Abschnitt führt durch den Wald mit seinem dichten Farn-Unterwuchs. Zunächst geht es steil bergan zum Olienboomkop-Wald und von dort zum Aussichtspunkt Skilderkrans. Mit ständigem Blick über die Küste führt der Weg von dort hinab zum Kleinbos River, wo ein Pfad links zum Bloubaai-Strand abzweigt. Es geht wieder bergauf zum höchsten Punkt des Weges (150 m). Schließlich führt der Weg hinunter zum Geelhoutbos River mit der attraktiven Scott-Hütte am Waldrand.

158 oben *Unweit vom östlichen Ende des Tsitsikama-Nationalparks bildet der Storms River eine schluchtartige Mündung.*
Foto: Hein von Horsten/A.B.P.L.

158 Mitte *Diese attraktive Hängebrücke führt über den Storms River.*
Foto: Marc van Aardt

158 rechts *Von oben sieht die Brücke noch faszinierender aus.*
Foto: Stefano Ardito

158 unten links
Dichte Vegetation kennzeichnet den gesamten Park.
Foto: Mauro Burzio

3. TAG

von der Scott-Hütte zur Oakhurst-Hütte
Höhenunterschied: insgesamt 250 m
Dauer: 4 Stunden

Auch dies ist ein kürzerer Abschnitt mit langen und herrlichen Ausblicken über die imposanten Küstenklippen. Zunächst geht es ein kurzes Stück durch den Wald und dann zur

5. TAG

von der André-Hütte zum Nature's Valley
Höhenunterschied: insgesamt 250 m
Dauer: 4 Stunden

Der letzte Abschnitt des Treks beginnt mit einem steilen Aufstieg zu einem Plateau stromaufwärts von den Klippen der Martiense Bank und führt von dort durch offene, interessante Landschaft. Es geht wieder hinab durch einen Nebenfluß und dann den Hauptfluß, den Helpmekaar River. Dort geht es um eine Felsschlucht herum und hinab in eine sandige Schlucht. Die herrlichen Dünen des Nature's Valley bilden den Abschluß.

159 oben *Der Otter Trail führt an zahlreichen Fjords vorbei, die dem Weg einen besonderen Charakter geben. Hier ist der Bloukrans River am Ende des vierten Abschnitts zu sehen. Foto: Anthony Bannister/A.B.P.L.*

159 Mitte *Am ersten Tag verläuft der Otter Trail an den interessantesten Abschnitten der Felsenküste des Tsitsikama entlang. Foto: Athol Franz/ A.B.P.L.*

159 unten *Bei Sonnenuntergang erscheinen die Felsen des Tsitsikama und das Meer besonders aufregend. Wer Geduld hat, kann hier manchmal Wale beobachten. Foto: Eric Reisinger/ A.B.P.L.*

Flipse Baai. Von dort klettert man über einen Felsenvorsprung zu den Strandabschnitten an der Mündung des Elandsbos River. Weiter geht es ein längeres Stück entlang der Felsenküste.
Ein anstrengendes Kletterstück führt nun zu einem Plateau, von wo man zum Lottering River hinabsteigt. Durch eine Furt geht es zur Oakhurst-Hütte fast unmittelbar an der Küste.

4. TAG

von der Oakhurst-Hütte zur André-Hütte
Höhenunterschied: insgesamt 350 m
Dauer: 5,5 Stunden

Dies ist der längste und beschwerlichste Teil des Otter Trail. Auf 15 Kilometern geht es ständig bergauf und bergab. Zunächst führt der Weg durch einen lichten Wald und durch zahlreiche Flußbetten, die meist trocken sind. Nach zwei Dritteln des Weges gelangt man an die herrliche Mündung des Bloukrans River. Bei Ebbe kann man hier problemlos hindurchwaten, bei Flut und bei hohem Seegang muß man sich auf eine längere Wartezeit einstellen. Weiter geht es durch Wald zu einem steinigen Strand, von dort auf ein Plateau, das eine herrliche Aussicht auf Nature's Valley und Plettenberg Bay bietet. Schließlich führt der Weg hinab zum Klip River Valley und zur Schutzhütte im Wald, doch nur wenige Meter von den Klippen entfernt.

Die Drakensberge

Die spektakulären „Drachenberge" im Gebiet von Natal und Lesotho

Küsten und sonnige Savannen, Kiefernwälder und blühende Protea. Löwen und Wale, Nashörner und Pinguine. Das kontrastreiche Südafrika ist aber auch für seine Berge berühmt, deren höchste die Drakensberge im Grenzgebiet von Natal und dem unabhängigen Staat Lesotho sind. Ihren Namen verdanken sie den ersten Buren-Trekkern, die sie *Drakensberg* nannten, „Drachenberge". Bei den Zulu heißen sie jedoch weiterhin *Quathlamba*, „Speerschranke".

Mit ihren Wänden und Gipfeln erreicht die höchste und spektakulärste Bergkette in Südafrika 3400 Meter Höhe und bietet den Besuchern eine herrliche Ansicht von Felswänden, tiefen, von Flüssen hineingeschnittenen Klammen und Höhlen, die jahrhundertelang den jagenden Stämmen dieses Gebietes als Unterschlupf dienten und mit interessanten Zeichnungen früher Künstler verziert sind.

Ständig gibt es neue Überraschungen. Wer das Plateau über den Tugela-Quellen, dem großen Fluß der Zulu, erklettert, kann sich plötzlich einem Bartgeier gegenüber sehen. Weiter oben, in den Wiesen, grasen zierliche Antilopen. Auch Paviane wohnen in den Drakensbergen. Wenn sie von Menschen gestört werden, ziehen sie sich in ein Felsgebiet zurück, dessen Erkletterung den IV. Schwierigkeitsgrad bedeuten würde.

Vom Tiefland von Natal und Kwazulu aus begrenzen die Drakensberge den Horizont. Hier fanden über siebzig Jahre lang die härtesten Kämpfe und Auseinandersetzungen in der Geschichte Südafrikas statt. Im Februar 1838 wurden hier, bei Weneen, Buren-Siedler am Ende ihres großen Treks von den Zulu unter König Dingaane getötet. Zehn Monate später nahmen die Siedler am Nkome-Fluß Rache, der seitdem als „Blutfluß" bekannt ist. 1879 startete eine Zulu-Armee von 25 000 Soldaten einen Überraschungsangriff auf ein britisches Armeelager bei Isandlwana, wobei die Verteidiger getötet wurden und der Armee von Königin Viktoria eine der schwersten Niederlagen bereitet wurde, die jemals weiße Siedler in Afrika erlitten. Später bekämpften im Burenkrieg zwei weiße „Stämme" aus Südafrika einander in den Hügeln von Zululand. Die Berge selbst waren jedoch immer friedlich und ruhig.

Die über zweihundert Kilometer lange Bergkette ist eigentlich der Rand des Lesotho-Plateaus, einer Welt aus Felsen, Bergwiesen und Wäldern, umgeben von der Ebene von Natal, dem Küstengebiet bei Durban und der Umfolozi-, Hluhluwe- und Mkuzi-Savanne. An den Hängen der Berge regnen sich oft die Wolken von Indischen Ozean ab. Sandstein-Formationen, Felsnadeln und Canyons formen hier eine außergewöhnliche Landschaft. Strohblumen erinnern an den Kilimanjaro und den Mount Kenya. In den Tälern findet man Höhlenzeichnungen der San, der Bergstämme, die durch zugewanderte schwarze und weiße Völker ausgerottet worden sind.

Einige Gipfel der Drakensberge (darunter der Mont-aux-Sources mit den Quellen des Tugela, Elands River und des Khubedu) befinden sich am Rande des hügeligen Lesotho-Plateaus. Andere, darunter der Sentinel-Gipfel (3165 m), der Kathedralen-Gipfel (Cathedral Peak; 3004 m) und der Champagne Castle (3377 m), sind imposante, einzeln stehende Felstürme. Weiter gibt es viele kleinere Felsnadeln wie der Devil's Tooth („Teufelszahn") und der Bell, die für Bergsteiger jedoch ohne besonderes Interesse sind.

Wanderer finden genug Ziele: Im Royal Natal National Park (ganz im Norden) gibt es die Tugela-Schluch-

160-161 *Im Grenzgebiet zwischen der Savanne von Natal und der Ebene von Lesotho bilden die kargen Drakensberge eine der wildesten Berglandschaften im südlichen Afrika. Foto: Herman Potgieter/A.B.P.L.*

ten und die Mauern des Amphitheaters. Das Plateau des Mont-aux-Sources kann von Qwa Qwa aus gut erreicht werden. Das Cathedral Peak Hotel und das Cathkin Park Hotel sind Ausgangspunkte für die Besteigung des Kathedralen-Gipfels und des Champagne Castle, der schönsten Berge, die ohne Schwierigkeiten zu erklimmen sind. Die interessantesten San-Zeichnungen sind in den Höhlen und Unterschlüpfen im Giant's Castle Nature Reserve weiter südlich. Für Trekker gibt es hier natürlich viele Möglichkeiten. Die besten Wege sind der Two Passes Hike (Zwei-Pässe-Weg) in Sichtweite des Kathedralen-Gipfels und der leichtere Two Huts Trail (Zwei-Hütten-Weg) zu Füßen des Giant's Castle (Riesen-Schloß). Beide dauern etwa drei bis vier Tage. Weitere Wandermöglichkeiten bestehen insbesondere im Royal Natal National Park und am Mont-aux-Sources. Hier sollen zwei Treks davon beschrieben werden. Der erste ist einfach landschaftlich besonders reizvoll und aufgrund der Straßen und Siedlungen einfach. Der zweite führt durch einsames und wildes Gelände.

Nützliche Informationen

Dauer: 5 Tage für den Trek zum Mont-aux-Sources, 4 Tage für den Weg um den Kathedralen-Gipfel
Höhe: 1400 m-3282 m im Royal Natal National Park, 1450 m-3281 m beim Kathedralen-Gipfel
Zeit: Man kann das ganze Jahr über in den Drakensbergen wandern, obwohl die Übergangszeiten vorzuziehen sind. Der Sommer ist sehr heiß und reich an Gewittern – dann sind aber auch die Wasserfälle am schönsten. Der südafrikanische Winter, der für afrikanische Maßstäbe recht kalt ist, ist für Europäer ziemlich angenehm.
Formalitäten: Für Südafrika besteht keine Visumpflicht. Der erste Trek darf gleichzeitig von maximal 100 Personen begangen werden. Man muß sich registrieren lassen beim Besucherzentrum am Parkeingang oder beim Natal Parks Board, P.O. Box 662, Petermaritzburg, Tel. 0027-331-471 981, wo man auch Zelt- und Bungalowübernachtungen im Nationalpark buchen kann.
Schwierigkeitsgrad: Steile Abschnitte und einige Passagen mit Metallsteigen bei der Besteigung des Mont-aux-Sources und des Kathedralen-Gipfels. Ansonsten nur steile Wege ohne echte Schwierigkeiten.
Kondition: Durchschnittlich bis hoch aufgrund der Höhe, des mitzunehmenden Gepäcks und der steilen Abschnitte. Im feucht-heißen Sommer ist es anstrengender!
Ausrüstung: Beim ersten Trek ist kein Zelt erforderlich; man kann in den Bungalows beim Witsieshoek Resort und im Tendele Camp übernachten. Der zweite Trek führt durch einsamere Landschaft; wer sich ein Zelt ersparen will, kann in den Höhlen übernachten. Bergausrüstung und guter Regenschutz sind notwendig. Ein Seil ist bei Unerfahrenen erforderlich zur Sicherung auf den Metallsteigen.
Anreise: Zweigstraße zu den Drakensbergen von der Schnellstraße Johannesburg – Durban zwischen Harrismith und dem Mobi River. Der Royal Natal National Park wird über Bergville und den Oliviers-

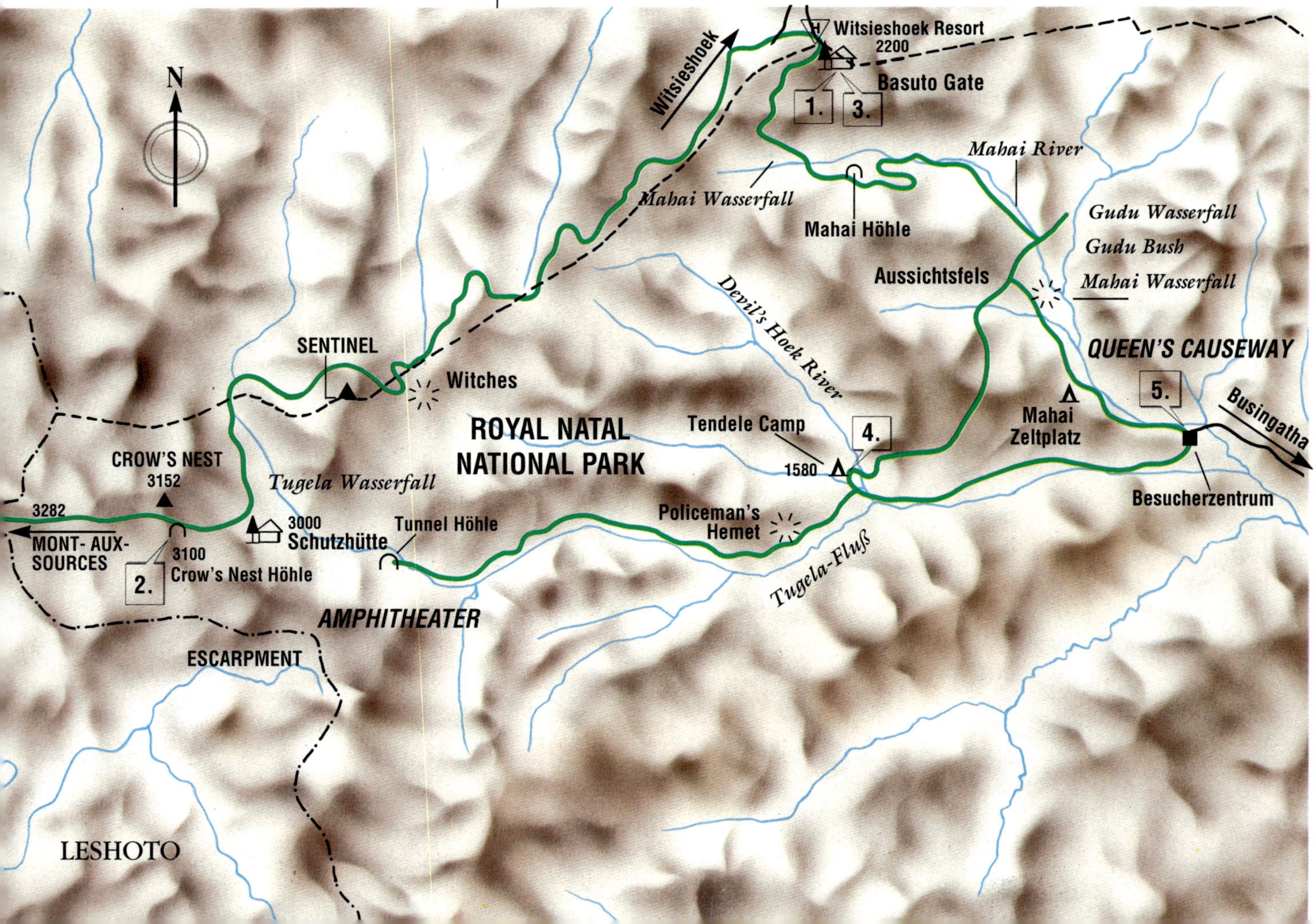

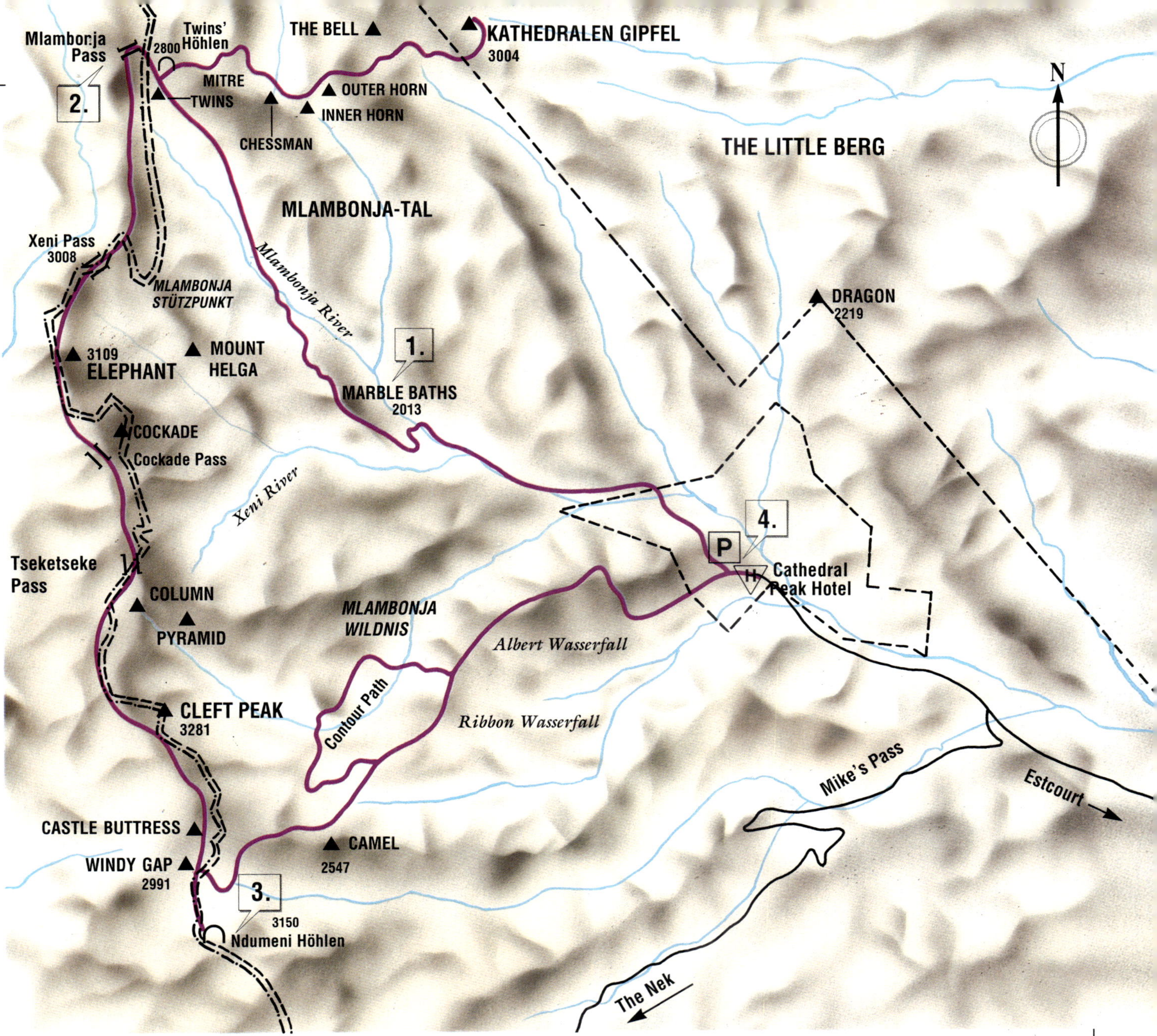

hoek-Paß erreicht. Man muß sein Fahrzeug beim Besucherzentrum stehenlassen (1400 m). Das Gebiet des Kathedralen-Gipfels wird von Winterton aus erreicht; das Fahrzeug bleibt beim Parkplatz des Cathedral Peak Hotels zurück (1450 m).
Führer und Träger: Keine Träger verfügbar. Geführte Touren durch die Drakensberge werden von verschiedenen Reisebüros und Vereinen in Johannesburg, Pretoria, Durban und Pietermaritzburg organisiert.
Umwege und Gipfel: Die beschriebenen Wege schließen die interessantesten Gipfel der Drakensberge ein: Mont-aux-Sources (3282 m), Kathedralen-Gipfel (3004 m) und Cleft-Gipfel (3281 m). Mit kurzen Umwegen können viele weitere erreicht werden.
Notfälle: Die Rangers kontaktieren. Hilfe kommt meist schnell, oft durch Hubschrauber.
Karten: North Drakensberg des Directorate of Forestry (1:50 000) umfaßt beide Touren. Die erste Tour ist auch enthalten in Royal Natal National Park – Mont-aux-Sources (1:20 000), die vor Ort erhältlich ist. Es gibt einen offiziellen Tourenführer (Royal Natal National Park and Rugged Glen Nature Reserve).

Vom Royal Natal National Park zum Mont-aux-Sources

1. TAG
vom Besucherzentrum bis Witsieshoek
Höhenunterschied: Aufstieg 800 m
Dauer: 5 Stunden

Vom Besucherzentrum geht es zu Fuß über eine asphaltierte Straße vorbei am Mahai-Campingplatz und über einen Weg zum Queen's Causeway und zu den schönen Mahai-Wasserfällen. Der Weg führt weiter zunächst nach links steil bergan und beim Lookout-Felsen leichter weiter. Im weiteren Verlauf wird der Fluß überquert zum Gudu Bush (hier kann ein Abstecher zum gleichnamigen Wasserfall gemacht werden) und weiter talaufwärts an der Mahai-Höhle und dem Mahai-Wasserfall vorbei. Rechts bergauf geht es zum Basuto Gate und nach Witsieshoek (2200 m), wo man übernachten kann.

2. TAG
von Witsieshoek zur Crow's Nest Cave (Krähennest-Höhle)
Höhenunterschied: Aufstieg 550-850 m
Dauer: 4-6,5 Stunden

An diesem phantastischen Tag geht es zu dem Plateau oberhalb des Steilabbruchs, das vom Royal Natal Hotel und vom Besucherzentrum aus gut sichtbar ist. Man sollte versuchen, eine Mitfahrgelegenheit zum Ende der Straße zu bekommen (2500 m; 9 km; zu Fuß 2,5 Stunden),

164 links *Dieser Felsturm (3165 m) dominiert den Weg zur Hochebene Mont-aux-Sources. Foto: Roger de la Harpe/A.B.P.L.*

164 oben rechts *Der letzte Abschnitt des Steigs auf die Hochebene Mont-aux-Sources verläuft über eine lange Metall-Leiter. Foto: Roger de la Harpe/A.B.P.L.*

164 unten rechts *Die drei Stufen des Tugela-Wasserfalls, des höchsten und spektakulärsten in Südafrika, vom Rand der Hochebene gesehen. Foto: Roger de la Harpe/A.B.P.L.*

165 oben links Der Tugela River, kurz bevor das Wasser in die Tiefe stürzt.
Foto: Marc van Aardt

165 unten links *Blick vom Fuß des Wasserfalls.*
Foto: Roger de la Harpe/A.B.P.L.

165 oben rechts *Der westliche Abschnitt der Drakensberge, von der Straße Hammersmith-Winterton aus gesehen.*
Foto: David Keith Jones/Images of Africa Photobank

wo ein Gebäude der Rangers steht. Ein breiter Weg geht von dort in Kurven rechts vorbei an dem spektakulären Sentinel-Turm, an Felswänden und zu einem Sattel. Hinter dem etwas mühsameren Metallsteig führt der Weg über das Plateau zu einer Schutzhütte (3000 m), die aber nicht öffentlich zugänglich ist. Man kann jedoch in der Crow's Nest Cave (3100 m, 0,5 Stunde) übernachten. Am Rand des Steilabbruchs, wenige Minuten von der Hütte entfernt, hat man zu Sonnenauf- und -untergang eine herrliche Aussicht. Hier stürzt der spektakuläre Tugela-Wasserfall tief hinunter ins Amphitheater.

165 unten rechts *Warum dieser Felsblock „Polizeihelm" heißt, bedarf wohl keiner Erklärung. Man trifft auf ihn am fünften Tag der Wanderung in der Nähe der Hochebene Mont-aux-Sources.*
Foto: Marc van Aardt

3. TAG
von der Crow's Nest Cave nach Witsieshoek
Höhenunterschied: Aufstieg 250 m, Abstieg 1150 m
Dauer: 6,5 Stunden

Dieser längere Abschnitt beginnt mit der Erkletterung des nahegelegenen Crow's Nest (3152 m) und führt dann weiter über einen breiten, leichten Rücken zum Gipfel Mont-aux-Sources (3282 m, 2 Stunden hin und zurück). Von der Höhle geht es anschließend über einen quer verlaufenden Weg zu dem äußeren Weg und zur Straße zum Witsieshoek Resort. Wer dort mitgenommen wird, kann sich 2 Stunden Gehzeit ersparen.

4. TAG
vom Witsieshoek Resort zum Tendele Camp
Höhenunterschied: Aufstieg 100 m, Abstieg 720 m
Dauer: 4 Stunden

Dieser Wegabschnitt führt zum Talanfang zurück. Von dem Weg in Richtung Queen's Causeway links abbiegen und bei Gabelungen rechts halten. Bald erreicht man das Tendele Camp (1580 m), wo man im Bungalow übernachten kann.

5. TAG
vom Tendele Camp zum Tugela Tunnel und zurück zum Besucherzentrum
Höhenunterschied: Aufstieg 700 m, Abstieg 880 m
Dauer: 6 Stunden

Die Klamm des Tugela River ist der wohl wildeste Abschnitt der Tour. Zunächst geht es steil bergab zum Hauptweg parallel zum Fluß. Am Fuß der Policeman's Helmet Rocks geht es in das engste Stück der Schlucht, wo der Tugela dreimal überquert werden muß. Entweder benutzt man den natürlichen Tunnel (wobei man naß wird) oder man umgeht das Stück rechts über den Metallsteig. Ein letztes Stück bergauf führt zum Eingang der Tunnel-Höhle, von wo aus man eine hervorragende Aussicht auf das Amphitheater hat. Zurück geht es zunächst über denselben Weg und an dessen Ende links zum Tendele Camp. Der Restweg verläuft in ebenem Terrain zur Straße zurück.

Um den Kathedralen-Gipfel

166 oben Gruppe von Zulu-Hütten unweit der Straße von Winterton zum Cathedral Peak Hotel. Der Cathedral Peak (3004 m) erhebt sich im Hintergrund. Foto: David Keith Jones/Images of Africa Photobank

166 Mitte Das Massiv des Champagne Castle (3377 m) liegt im Herzen der Drakensberge. Foto: David Keith Jones/Images of Africa Photobank

166 unten Ein Gruppe Wanderer macht Rast in den Drakensbergen. Im Hintergrund erhebt sich der runde Indanyana-Gipfel. Foto: David Keith Jones/Images of Africa Photobank

167 oben links Die Sonne taucht den Cathedral Peak (3004 m) bei ihrem Untergang in rötliches Licht. Foto: Stefano Ardito

167 unten links Am Ende des Abstiegs werden die Wanderer unweit der Straße zum Mike's Pass von einem Wildbach begrüßt. Foto: Nigel Dennis/A.B.P.L.

167 oben rechts Eine Gruppe von Wanderern bewundert die Gipfel der Eastern Buttress (3047 m) und den Devil's Tooth („Teufelszahn"). Hier beginnt der Aufstieg vom Witzieshoek Resort und von Kwa Kwa zum Mont-aux-Sources. Foto: Roger de la Harpe/A.B.P.L.

167 unten rechts Luftaufnahme der imposanten Wände des Elephant (3109 m) und des Cleft (3281 m) südlich des Cathedral Peak. Foto: Stefano Ardito

168 Der 5149 Meter hohe Mawenzi ist ein Nebengipfel des Kilimanjaro und einer der beliebtesten Bergsteigergipfel in Afrika. Foto: Didier Givois

1. TAG
vom Cathedral Peak Hotel zum Mlambonja-Tal
Höhenunterschied: Aufstieg 650 m
Dauer: 3,5 Stunden

Dieses kurze, aber an Aussichtspunkten reiche Stück ermöglicht eine gemächliche Gewöhnung an die Klettertour in den Drakensbergen. Geübte werden weiter bis zur Twins-Höhle gehen, so daß sie am Kathedralen-Gipfel mehr Zeit haben. Vom Hotel geht es zunächst über einen leichten Weg entlang des Mlambonja River. Das tiefe Xeni River-Tal bleibt links liegen, dann geht es links bergauf und wieder zum Fluß bei Marble Baths (2013 m), wo man bequem campen kann.

2. TAG
vom Mlambonja-Tal zum Kathedralen-Gipfel und zum Twins-Paß
Höhenunterschied: Aufstieg 800 m-1000 m, Abstieg 100 m-300 m
Dauer: 4-6 Stunden

Dieser schöne und abwechslungsreiche Abschnitt führt über steile, exponierte Stücke zum Kathedralen-Gipfel bzw. zu dem Rücken kurz davor. Hinter dem Camp geht es immer steiler talaufwärts; der Fluß wird überquert und ein Vorsprung umrundet, bevor es weiter zu den Felstürmen Inner Horn, Chessman und Mitre und schließlich zu dem Sattel zwischen den Twins und der Hauptwand der Drakensberge geht. Bald dahinter kommen die interessanten Twins-Höhlen (2800 m), die Platz für etwa zwanzig Personen bieten. Hier kann man sein Hauptgepäck zurücklassen und dann nach Osten, um die Kette von Mitre, Inner Horn und Outer Horn herum weiter nach Norden und wieder zurück zum Rücken zu Füßen des Bell gehen, einem der schönsten Gipfel der Bergkette. Ein ziemlich exponiertes Wegstück führt an den Südhang des Kathedralen-Gipfels und in einer Kletterei nach oben (3004 m). Der Rückweg ist derselbe wie der Hinweg.

3. TAG
vom Twins-Paß zum Cleft-Gipfel und zum Windy Gap
Höhenunterschied: Aufstieg 700 m-950 m, Abstieg 510 m-760 m
Dauer: 5-7 Stunden

Dieser ereignisreiche Tag führt an den Rand des Steilabbruchs und bietet die Besteigung des reizvollen Cleft-Gipfels. Zunächst geht es steil bergan zum Mlambonja-Paß (2980 m) und zu einem Plateau. Ab hier hat man die Auswahl. Näher am Steilabbruch hat man die besten Aussichten und kann weitere Gipfel erreichen. Beim Xeni-Paß (3008 m) kann man den Elephant (3109 m) umrunden oder besteigen, vorbei am Cockade- und Tseketseke-Paß mit

hervorragender Aussicht auf den Column- und den Pyramid-Gipfel. Ein steiler Steig führt zum aussichtsreichen Cleft-Gipfel (3281 m), von wo man weiter bis zum Windy Gap (2991 m) gehen kann. Hier kann man campen oder weiter bis zu den recht unbequemen Ndumeni-Höhlen gehen (3150 m).

4. TAG
vom Windy Gap zum Cathedral Peak Hotel
Höhenunterschied: Abstieg 1590 m
Dauer: 4 Stunden

Dieser ziemlich lange, die Beine strapazierende Abstieg, kann etwas gemildert werden, wenn man vorher einen Wagen zur Schranke an der Mike's Pass Road hat kommen lassen. Zu Beginn geht es bei einer Weggabelung links zum Camel-Rücken (2547 m) unterhalb der Castle Buttress-Felsen und dann weiter über einen Fahrweg (Contour Path; 2100 m). Nach einer Weile führt der Weg bergab oberhalb einer tiefen Schlucht. Von hier hat man eine schöne Aussicht auf den Ribbon- und den Albert-Wasserfall, bevor es zum Cathedral Peak Hotel zurückgeht.

Autor und Herausgeber danken folgenden Einrichtungen und Personen für ihre wertvolle Unterstützung: African Explorer, Air Algerie, Air Zaire, Arca, Caravan, Ethiopian Airlines, Kel 12, Kenya Wildlife Service, Kibo Hotel, Lufthansa, Moroccan Ministry for Tourism, Naro Moru River Lodge, Rhino Safaris, Royal Air Maroc, Sabena, Satour, South African Airways, Tanzania Tourist Corporation, Tourisport.

Besonderer Dank geht an: Alberto Addis, Fabiana Cannizzaro, François Chalumeau, Cristiano Delisi, Samia Saleh Kebire, Lydia Martinuzzi, Franco Pecci, Alessandro and Franco Simonetti, Liz Swart.